U0754968

魅力福建

〔美〕潘维廉　著

韦忠和　译

海峡出版发行集团 | 鹭江出版社

THE STRAITS PUBLISHING & DISTRIBUTING GROUP

2025年·厦门

图书在版编目（CIP）数据

魅力福建 /（美）潘维廉著；韦忠和译．-- 厦门：鹭江出版社，2025. 6. -- ISBN 978-7-5459-2400-8

Ⅰ. G127.57

中国国家版本馆 CIP 数据核字第 2025WC1323 号

出 版 人： 雷　戎
总 策 划： 雷　戎
监　　制： 林淑平
策划编辑： 林凤来　金月华
责任编辑： 朱文彦　齐艳艳
美术编辑： 林烨婧
责任印制： 陈志超
特约印制： 孙　明
装帧设计： 今亮後聲 HOPESOUND 2580590616@qq.com · 张今亮　王非凡
封面设计： 南　星

MEILI FUJIAN
魅力福建

〔美〕潘维廉　著
韦忠和　译

出　　版： 鹭江出版社
地　　址： 厦门市湖明路 22 号　　**邮政编码：** 361004
发　　行： 福建新华发行（集团）有限责任公司
印　　刷： 天津睿和印艺科技有限公司
地　　址： 天津市武清区大碱厂镇国泰道 8 号　　**联系电话：** 022-29432903
开　　本： 700mm × 1000mm 1/16
插　　页： 7
印　　张： 24.5
字　　数： 378 千字
版　　次： 2025 年 6 月第 1 版　　2025 年 6 月第 1 次印刷
书　　号： ISBN 978-7-5459-2400-8
定　　价： 128.00 元

福建人对待生活的正确态度

福建教会了我如何生活。在这个物欲横流的世界里，物质的东西随处可得，但对待生活的正确态度只能在合适的环境中养成。福建为我提供了这样一个环境。

— 郑思敬，1926 年 —

目录

序　言：我的第二故乡福建 -001

厦门

海上花园

017

泉州

亚洲的“亚历山大港”

069

莆田

妈祖故里

219

宁德

山海交汇处

237

漳州

八闽富庶之地

113

龙岩

红色文化发祥地

139

福州

中国航海文化的摇篮

181

南平

人间秘境

303

三明

客家祖地

337

平潭

中国的马尔代夫

361

后　记：度假厦门 -380

序　言

我的第二故乡

福建

我是怎么来到福建的

欢迎来到福建，对于了解中国历史和文化的外国人来说，福建在他们眼中应该是中国最迷人的省份。福建就是我的第二故乡——虽然有些中国人认为我从未有过第一故乡。

一名学生说自己是北京人。我问他："北京怎么样？"

"我不知道。"他说，"我没去过那里。"

我了解到，当中国人称他们从未去过的地方为"故乡"时，指的是他们的祖籍。对于安土重迁的中国人来说，"根"是一个非常重要的概念，往往可以追溯到几百年前的祖先，因此他们难以理解漂泊不定的美国人。

中国人总是问我："你来自哪里？"

"加利福尼亚，"我回答，"虽然我只在那里住了7年。"

"那你是哪里人？"他们接着问。

"我在美国的很多地方都住过，"我说，"我是美国人。"

"那你是在哪里出生的？"他们打破砂锅问到底，好像担心我隐瞒什么国家机密似的。

"路易斯安那州，"我说，"但我只在那里待了6个星期。"

他们同情地点点头，仿佛我是个住在洛杉矶街头纸箱里的流浪汉。

客家宗祠里的一位农民给我看了我的中国姓氏"潘"的祖先牌位。和我同行的人悄悄告诉他："'潘'不是他的真姓，他是个外国人。"

那位农民惊愕地问："他没有祖先吗？"

在此声明，我不是无家可归，也没有四处漂泊，就像中国人常说的，"此心安处是吾乡"，所以福建就是我的第二故乡——尽管在20岁之前，我从没想到自己会对中国这么感兴趣。

无缘澳大利亚

当读到关于澳大利亚充满机遇的内容

时，我申请了移民。澳大利亚大使馆却这样回复我："我们确实需要像你这样有远见的人，但你只能10年后再来申请，因为年满18岁才能移民澳大利亚，而你只有8岁。"尽管如此，他们还是寄来了一箱介绍澳大利亚的儿童读物，缓解了我受到的沉重打击。60年后，我仍然记得书里的一首诗：

你已翻阅这些篇章，
远古的鸟兽，重现你眼前。
你还添上了一只袋鼠，
一只袋熊，与一只黑天鹅。

我终究没能去澳大利亚，但感觉它的一点一滴已经悄然来到我的生活里。厦门大学校园里也有黑天鹅，而且厦门有直飞悉尼的航班，所以希望还是有的。

在澳大利亚之后，我把目光投向了非洲、欧洲和南美洲。但我从未关注过亚洲，因为除了看过电视剧《功夫》，我对亚洲一无所知。多年后，我震惊地发现，《功夫》的主演大卫·卡拉丁（David Carradine）居然是白种人，不是中国人！

东方之旅

我的中国之行，缘起于一张我偶然在空军征兵办公室橱窗里看到的非洲海报。3个小时后，我步履蹒跚地走了出来，签署了一份长达4年的合约，以此换取了"美国空军不是一份工作，而是一次冒险"的承诺。我怀着探索世界的梦想报名参军，却被分配到了佛罗里达州坦帕市的麦克迪尔空军基地（MacDill Air Force Base），离家不过64公里远。

由于迫切想要出国，我主动申请了去格陵兰岛服役，将其视为"最后的选择"，而我的朋友则申请去一个我从未听说过的地方——台湾。最后，我的朋友被派往格陵兰岛，而我被送到了台湾。

我很快就爱上了台湾，并主动选择在台湾多逗留一年。我曾徒步旅行，也曾骑自行车丈量岛上的每一座山脉、每一处峡谷和每一片海滩。在东海岸无路可走时，我肩扛自行车，走了几十公里。在我第二次被风驰电掣的汽车撞倒之后，我被停飞了。于是，我开始搭便车，坐过18轮的大卡车、拖拉机、摩托车，甚至是牛车。

我攀登了白雪皑皑的阿里山，沿着太鲁

阁峡光滑的大理石峡壁下滑，还拜访了山里的部落。部落里的人教我唱当地民歌，跳传统舞蹈，了解他们的习俗。部落的酋长把眼镜蛇的毒液挤入一杯米酒中，然后递给我，说："敬尊贵的客人。"

"我一点儿也不尊贵。"我回答，"您自己喝吧。"尽管我的双手双脚都在打退堂鼓，但最终我还是硬着头皮接受了这份敬意。

"天堂来信"

台湾是一座美丽的岛屿，如宝石一般小巧精致。似乎是缘分的安排，就在我饱受岛屿焦虑的困扰之际，一封"天堂来信"翩然而至，邀请我前往中国大陆。

1987 年 7 月一个阳光明媚的下午，大陆的一个宣传气球将数百份传单撒向了清泉岗空军基地。台湾民兵如同嗅到甜味的蚂蚁般四处乱窜，把从天而降的"违禁品"迅速装入麻袋。对于来自大陆的传单，我开始没有过多兴趣，因为我压根看不懂，但是士兵们喊道："谁敢捡这些东西，就得进监狱！"听他们这么一说，我想，这些一定是好东西，于是往口袋里塞了一打。我读不懂这些册子，但我很震惊，照片上的大陆人和我的台湾朋友长得如此相像。当我得知台湾大多数人来自大陆时，我决定有一天要去海峡对岸看看。

至今，我在厦门大学的办公室里还珍藏着其中一本册子，它是我被"天堂来信"邀请来福建的证明。然而，我从未料到，走完台中到厦门这短短约 161 公里的距离，居然需要 10 年光阴。

当被问及为何选择来厦门时，中国人可能期待我会提到厦门的美丽风光，舒适的气候或是热情好客的厦门人，但我的回答出乎他们的意料："我选择厦门，是因为我当时没有其他选择。"

1988 年 4 月，一个我不认识的美国人从泰国打来电话，问我："听说你卖掉了公司，要去中国学中文？那你听说过厦门吗？"

"没听过。"我说，"我妻子刚生了孩子，今年可能没戏了。"

5 天后，另一个陌生人从加利福尼亚打来电话："我听说你想去中国学习中文，那你听说过厦门吗？"

"听说过。"我说，"就在 5 天前。厦门在哪里？"

"福建省。"

"福建省在哪里？" 我问道。尽管我在台湾生活了两年，我的妻子也在那里出生长大（她的父母是美国人，在台湾教了35年的书），但我们根本不知道，福建与台湾之间仅仅相隔130公里。

他说："如果你想学中文，只能去厦门，因为厦门大学是中国唯一一所为留学生提供宿舍的大学，你可以携带家眷前往。"

我本以为中国北方那些规模宏大的高校是最开放、最具创新精神的，但后来我发现，早在18、19世纪，外国人就认为，厦门人是思想最开放、最好客的中国人。

"华莎皇后号"

我们的使节团和考察团无不发现，相比中国其他地方，厦门对外国人、商人和游客普遍更友好，更豁达大度……

——阿罗姆（Allom）和赖特（Wright），1843年

搭乘慢船去中国

美国人常开玩笑说"搭乘慢船去中国"，但我从未想过，自己竟真的踏上了这样的旅程。1988年9月，我们转了3次飞机，从洛杉矶出发，途经旧金山、安克雷奇，最后抵达香港。在经历了超过50个小时的空中旅程后，我们登上了"华莎皇后号"（Wasa Queen），又沿着海岸线航行了18个小时，最终抵达厦门。虽然速度确实缓慢，但在随后的几年里，我们逐渐对这艘"穷人的邮轮"产生了深厚的感情，并先后乘坐30多次。如今，从厦门到香港的高铁仅需4个小时，我却常常怀念昔日那艘慢悠悠的船。

别致的欢迎仪式

我们在中国的第一个清晨醒来时，"华莎皇后号"正平稳地驶入历史悠久的厦门和平码头。扩音器中传出了长达20分钟的中文讲解，紧接着却只有短短 20 秒钟的英语翻译："Present completeel arrival arrival cards cot quadrant and health stations in Bartt（请在 1 号台的检疫站和卫生站出示您已填写完整的入境卡）."

等待的人群排起了长龙。经历了漫长的 2 个小时，终于轮到我了。我递上证件，工作人员却问："你的家人呢？"

"我妻子带着两个儿子在船舱里等着。"

"我必须见到他们本人。"

"那我把他们叫过来之后，能直接回到队伍最前面吗？"

"不行，得排到后面去。这是规定。"

人潮让路

我原以为还要在队伍里再耗上 2 个小时，没想到人群仿佛摩西脚下的红海海水一般自行分开，在我们的两个金发孩子面前让出了一条路。"太可爱了。"人们叫道，"走我们前面，走我们前面。"不一会儿，我们再次排到了队伍的最前面，工作人员很是惊讶，重新检查了每一页护照，连空白页也不放过，仿佛要确认我在带苏珊和儿子们过来的时候，没有进行任何涂改。

最后他咕哝了一声，将我们的健康表用一枚特别的钢钉钉起来，然后将护照和 4 枚金属圆章递给了我。在出口处，另一名工作人员接过了我们的 4 枚金属圆章，两名船员向我们敬了个礼。我们便踏着跳板，离开了船只。

我终于相信，中国确实有十几亿人口。因为和平码头这场景，让我怀疑是不是一半的中国人都在这里。我们挤过熙熙攘攘的人群，找到了我们的 10 件行李（总共约 272 公斤重），然后加入了等待海关检查的长队。

海关工作人员面带微笑，对我的儿子们称赞道："真是太可爱了！"然后，她的目光转向我们堆积如山的行李，问道："你们是来旅游的吗？"

"我们是厦门大学的学生。"我回答道。

"学生？"她微笑着说，"啊，欢迎来到厦门！"

厦门……相当开放……外国人到访厦门，首先感受到的……就是无拘无束到处闲逛的愉悦感……厦门所在的整个福建省，民风极为友善……他们率直、开放，与外国人友好交谈。这里还坐落着好几座宏伟美丽的教堂。

——纪礼备（Gillespie），1854 年

我们把行李堆放在一辆 20 世纪 50 年代的解放牌平板卡车上，向厦门大学驶去，开始了一段美好的人生旅程。卡车在尘土飞扬、坑坑洼洼的街道上颠簸前行，街道两旁是一栋栋三四层高的楼房，建筑风格更接近欧式，而非传统中式风格。后来我们得知，厦门是中国在第一次鸦片战争失败后被迫开放的五个通商口岸之一，因此孕育了独特的厦门风格建筑，融合了亚洲，美国、英国和法国的建筑风格，独树一帜。

我们的卡车在吐出最后一股黑烟后，摇摇晃晃地停在了“度假楼”招待所。在度假楼的生活，虽不似度假般悠闲，但自从我们有了三轮车，开始探索厦门，生活便化成充满惊喜的探险之旅。

我的三轮车

奢侈的三轮车

美国人吃不消长时间的步行，所以我打算买一辆三轮车代步，但店员说：“外国人不能购买商用车。”

“我买来是家用的，不是为了挣钱。”我解释道，“你觉得我来中国就是为了蹬三轮车赚钱吗？”

“那可不一定，”店员说，“毕竟美国现在的经济状况不太好。”

经过一个月的讨论，厦门大学的领导最终给了我一封盖有公章的担保信，保证我不会为了赚钱去蹬三轮车。当我得意扬扬地蹬着三轮车回到学校时，一个带着女朋友的小伙子朝我大声问道：“到中山公园多少钱？”

在中国人看来，我颇为富裕，因为在那个时代，即使是普通的自行车也是一种奢侈品。而这辆木制车身的三轮车，比起自行车，更加奢侈。然而，即使是空车，它也

重达 45 公斤。因此，当我载着一家 4 口在岛上闲逛一段时间后，我的体重也很快轻了 18 斤。

石头厝里的温暖

在我们看来，尽管那时的厦门有些落后，时常遭遇停电和停水，商店的货架也经常空空如也，但中国人保持着积极乐观的心态，因为生活正在变得越来越好。我也同样乐观，但我们普遍预计，这个世界上人口最多的国家至少需要 40 到 50 年的时间才能发生翻天覆地的变化。正如一位中国朋友所说的，需要“前人栽树，后人乘凉”。但谁也没有想到，短短十几年间，厦门就发生了翻天覆地的变化，还获得了“世界宜居城市”等诸多荣誉。

中国的真实情况与西方媒体描绘的惨淡景象大相径庭，因此，来中国不久之后，我开始给家人写信，每月一封，向他们介绍我们亲眼所见的中国。短短几个月内，我的信件被复印传播，收获了 500 多名读者，甚至还有孩子写信来询问各种问题。我想知道中国的农村地区是否也正在经历类似的变化。于是在 1989 年 1 月的一天，我穿上一件中式夹克，用一顶鸭舌帽，遮住一头金发，在凌晨 5 点悄悄离开了招待所，花了几天时间，乘坐大巴、船、拖拉机，甚至步行，深入农家和渔村进行探访。农村地区落后于城市是意料之中的，但让我惊讶的是，农民和渔民都保持着同样乐观的心态，而且心胸非常开阔。

我曾在一间有着几百年历史的石头厝里借宿过一晚，里面非常冷，没有电灯，只有一支小小的蜡烛提供光亮。然而，我惊奇地发现，尽管生活贫困，主人端出来待客的食物却出奇的丰盛。他们准备了猪肉、鸡肉、米饭、好几种蔬菜，还有鸡蛋，让我大饱口福。一个月后，我才知道，尽管我只是他们可能不会再见面的过客，他们却慷慨地用为两周后到来的春节精心准备的食物款待我。我在家信中写道：“这样善良真诚的人们，谁会不爱呢？”

买到面包车后

大约在 1990 年，我开始给杂志写文章，介绍中国的变化。有些外国人质疑：“中国只有沿海地区在发展，内陆还是老样子。”

“你怎么知道？”我反问，“你从没去过那里！”

“你不也没去过！”他们回敬道。

他们说得在理，于是在1993年，我向中国海关提出申请："我想买一辆15座的高顶面包车，开到西藏再绕回来，亲眼看看中国的变化。"

他们说："外国人不能购买商用车。"

这场景似曾相识。"好吧，那我就蹬着我的三轮车去环游中国。"

他们最后还是同意我买面包车。1993年7月，我们踏上了旅程，开始遍访福建的各个县城。这趟旅途十分艰辛，因为福建多山，路况在中国算是比较差的。那时基本没有隧道或桥梁，就连闽北的国道也是盘山土路，蜿蜒曲折，就像喝醉的蛇爬行后留下的痕迹一样（我还有视频为证）。我花了35个小时才驾车到达武夷山。如今，从厦门开车去那里只需6个小时，而乘坐高铁更是只要3个小时。

顺利遍访福建之后，1994年春节假期期间，我们又游览了广东、海南、广西、湖南和江西等地。幸运的是，我们再次安然无恙地完成了这次旅行。1994年6月，我们带上被褥和食物，收拾好行李，开始了为期3个月、行程4万公里的旅途。这一路，我们经过内蒙古，穿越戈壁滩，到达西藏。

这次旅行颇具挑战，但除了在戈壁滩上遇到土匪设下的两个沙坑陷阱外，我们唯一一次被困竟然是在旅程的最后一天，就在离我们山坡上的大学公寓只有300米远的土路上。那是一个月亮缺席的夜晚，凌晨3点，我们的面包车陷进了一个大坑，这个坑在我3个月前离开时还没有。后来一位同事笑着打趣说："你要我们相信你开车去了西藏，可结果连这个小山坡都爬不上去……"

至今，我已在中国大地上行驶了约20万公里，但没有一个地方能与福建相媲美。

福建之美

至今我已在中国生活了几十年，我最喜欢的省份仍然是福建。

> 厦门所在的福建省是中国面积最小的省份，但由于其广泛的商业活动，被认为是中国最富裕的省份之一。
>
> ——《周六杂志》(*Saturday Magazine*)，1843年1月21日

《周六杂志》没说对，福建并非中国面积最小的省份。实际上，福建地势多山，

如果传说中的神仙将其踏平，它或许会成为中国面积最大的省份。

> 笔直的山丘突兀地矗立在水边，南面的山丘大多有 600 多米高，崎岖不平，寸草不生。然而，中国人凭借不屈不挠的精神将山坡改造成梯田，或是在我们看来如同鹰巢般不可抵达的犄角旮旯处种上水稻。
>
> ——仁信牧师（Johnston, Rev. James），1898 年

当地人说福建是“八山一水一分田”，福建自然条件得天独厚，但山地多，平地少。千百年来，农民只能在险峻的山坡上修筑梯田来维持生计。为了开拓更多耕地，福建人早在 1000 年前就开始改造沿海的荒凉沼泽，硬是逼退了大海。数以万计的福建人出国谋求发展，使得福建成为大多数华侨华人的祖籍地。

福建之美在于她悠久的历史、秀美的风光，独树一帜的文化、饮食、节日，以及丰富多彩的地方方言，更在于生活在这片土地上的人民。

茶叶、丝绸和瓷器的传奇

中国以茶叶、丝绸和瓷器闻名于世，而历史上产自福建的茶叶、丝绸、瓷器也曾风靡一时，如德化瓷器，引发波士顿倾茶事件的福建茶叶，还有 700 年前备受阿拉伯商人赞誉且称其品质优于杭州丝绸的福建丝绸。

悠久的历史

福建平潭岛先民，被认为是世界上近 4 亿南岛语族的祖先。他们创造了世界上第一艘能够横渡大洋的船，并在台湾建立了定居点。4200 年前，他们再次扬帆远航，抵达菲律宾，随后在太平洋和印度洋的岛屿上建立了家园。他们的足迹遍布世界各地——东抵夏威夷和复活节岛，南达新西兰，西到马达加斯加。如今，南岛语族的南岛语系有 1200 多种语言，语言种类在所有语系中位居第二。

历史上，泉州不仅是一座可与埃及亚历山大港相媲美的宏伟港口，更是富有商业活力与文化底蕴深厚的璀璨之地。正如联合国教科文组织的一位代表所言，泉州是一座“世界宗教博物馆”。古阿拉伯人称其为刺桐城 [Zayton, 英文单词 Satin（丝绸）由此转音而来]，城内有三道同轴城墙，曾有七座清

真寺可供 4 万穆斯林礼拜，藏传佛教、犹太教、景教、印度教和耆那教等在这里云集，共同构成了这座城市多元文化的图景。14 世纪，刺桐城有三座方济各会大教堂，主要由历代朝廷资助建设。时至今日，泉州仍保存着世界上最后一座摩尼教寺庙，而位于其南面的厦门则拥有中国最古老的新教教堂。

石雕艺术瑰宝

泉州老君岩造像是中国现存最大的道家创始人老子的雕像，而中国巨大的卧佛像则安然静卧在福建省西部的三明市。

多彩民俗文化

泉州南少林武术源远流长。泉州惠安女身着鲜艳的服饰，肚脐微露，头戴斗笠。厦门蹈火者抬着沉重的神像赤脚踩炭火，展示出无畏的勇气。泉州的提线木偶摆动灵活的手指，可以抓起地上的纸张，端茶倒水或抽烟斗，令人叹为观止。漳州的布袋木偶能够玩杂耍和翻筋斗，惟妙惟肖。

旖旎风光

位于厦门的鼓浪屿被联合国教科文组织列入《世界遗产名录》。早在一个世纪以前，它就被誉为“地球上最富庶的方寸之地”。如今岛上还星罗棋布地坐落着 1000 多座尽显厦门装饰风格的别墅，人均钢琴拥有量也超过亚洲其他任何地方。

南靖土楼建筑神奇享誉世界，龙岩也是万虎之祖华南虎（又称厦门虎）的理想栖息地，这里还有风景如画的“红色小上海”——山城长汀。

三明市保存着明代村落，拥有迷人的岩洞、地下湖泊和中国第四大蓝宝石矿床。三明以北坐落着武夷山，这里有两千年历史的汉代闽越王城遗址、古村落和许多珍稀生物，在 18 世纪曾吸引欧洲博物学家前来研究珍稀植物、眼镜王蛇和网纹蟒等。

福建省省会福州不仅是重要的政治和商业中心，在学术和文化方面也享有盛誉，据说其学术和文化的繁荣程度与中国的古都长安不相上下。

宁德以能歌善舞的畲族、被誉为“海上仙都”的太姥山、白水洋和高山茶而闻名。在白水洋，即使不是武术大师，你也能尽情享受踏水之乐。

多样美食

> 如果说还有什么事情要我们认真对待，那么这样的事情既不是宗教，也不是学识，而是“吃”。
>
> ——林语堂，1935 年

当然，不得不提的还有福建美食。法国伟大的喜剧作家莫里哀（Moliere，1622—1673）曾说：“人吃饭是为了活着，但活着不是为了吃饭。”但我说：“莫里哀一定没有吃过中国菜。”在福建，每个乡镇都有自己的特色美食，在不同时令或不同节日，如端午节、中秋节等一年一度的佳节期间，这些特色美食更是异彩纷呈。

方言种类繁多

福建的方言种类繁多，居中国各省之首。1878 年，首位踏足福建西北地区传医布道的传教士和约瑟（Joseph Walker）在《教务杂志》（*Chinese Recorder and Missionary Journal*）中写道：

> 在那片荒山野岭中，各式各样的方言土语真是五花八门！当地人走出自己的村庄，一说话，就被猜出他来自哪个村了……他们说话的声调听起来似乎毫无规律可言。

在一个多世纪后的 1993 年，丘桓兴在他引人入胜的著作《中国文化之旅》（*A Cultural Tour Across China*）中写道：

> 福建方言堪称中国最为复杂的方言体系。在福建这片土地上，2600 万人说着闽南话、莆仙话、闽东话、闽北话和客家话等 30 多种方言。至于各县特有的方言，更是数不胜数。有个福建朋友告诉我，有一次村里人结婚，让他去隔着一座山、大概 1.5 公里远的邻村借几副碗筷。结果，人家说的话他听不明白，他说的话人家也听得一头雾水。

多民族和谐相处

福建的山谷连绵不绝又彼此分隔，不仅孕育了中国最多的方言，还保留了丰富多彩的民族风俗，形成独特的汉族群体，如客家人，以及穿着“封建头，民主肚”特色服饰的惠安女。福建拥有众多少数民族，其中不乏能歌善舞的畲族、以惧内著称的阿美人（高山族族群）、擅长伐木的布农人（高山族族群)、回族、苗族、满族等。

“拉面不要拉” 回族是中国第三大少数民族，也是分布最广泛的少数民族之一，他们在福建及宁夏、甘肃、新疆等地都有分布。他们的普通话口音很重，夹杂着波斯语、阿拉伯语等口音，让人很难听懂。有一次在厦门，一个在中国生活多年的美国人在一家西北拉面馆吃面，叮嘱回族店员：“拉面不要辣。”店员回答：“拉面不要拉？”如今，拉面店在福建乃至全中国都有很多。

能歌善舞的畲族人 福建大约有 37 万畲族人，其中大部分居住在宁德市。他们与云南的傈僳族一样，以热爱歌唱而闻名。畲族人热情好客，甚至有时会为共进晚餐的客人高歌一曲，为客人助兴。

20 世纪 90 年代初，年轻的习近平与妻子彭丽媛（著名歌唱家）共同努力，帮助保护和传承畲族独特的音乐和文化，使畲族的音乐和文化至今仍广为流传。

惧内的阿美人 福建的阿美人是大约一个世纪前从台湾迁徙过来的移民后代。阿美人的与众不同之处在于，妇女是一家之主，村里所有家庭都由一位年长的女性来管理。新婚夫妇通常和妻子的家人同住，如果丈夫不称职，妻子就会把丈夫和他的物品一同扔出门外（我觉得，即使不是为了躲开妻子，丈夫可能也是很乐意离开的，因为可以避开“婆婆”）。

苗族婆婆有灵药 福建拥有中国数万苗族人口中的一小部分。而近年来，中国人开始重视对苗药的研究。苗药能治疗多种疾病，如关节炎等。

布农人与葫芦的传说 台湾有大约 4 万名布农人。而在福建，也生活着少数布农人。布农人相信，人类的始祖来自一个从天而降而后裂开的葫芦。葫芦裂开后不久，一条巨蛇横亘在河道上，导致洪水泛滥，淹没了大地。

布农人拥有一些独特的习俗，例如，他们会在成年后拔除门牙、实行坐葬等传统习俗。

来了就不走的客家人 福建，尤其是龙岩，是全球数千万客家人的祖籍地。客家人属于汉族，是世界上分布范围很广、影响深远的民系之一。“客家”一词意思是“来客”，但客家人将这一概念延伸得更深、更远。我曾经在一个周末的时间里就失去了对客人的热情，但客家人已经在福建“做客”了一千多年！

这片土地上的人民

> 厦门及周边地区的（福建人）人们勇敢而独立，无论是在精神上还是身体上，他们都展现出非凡的活力。他们的名声远播海外，超越国界……面对任何不公正或不当行为，他们会表现出极大的愤慨和不平，总体而言，他们是非常公正的……
>
> ——麦高文（Rev. John Macgowan）牧师，1895 年

福建崎岖的地貌孕育了坚韧不拔的人民。19 世纪曾有西方人写道，福建人在商业、渔业、农业、学术和艺术等多个领域都是中国，甚至是世界的佼佼者。

> 在中国众多的渔民中，福建渔民最具胆识和勇气……他们似乎天生具备商人和水手的特质……
>
> ——郭实腊（Gutzlaff），1834 年
>
> 在中国，除了香港，没有哪个地方的土地比厦门的更贫瘠。即便如此，厦门却拥有众多富有且充满进取心的商人，这在中国的其他地方是难以看到的。
>
> ——瑟尔（Sirr），1849 年
>
> 世界上恐怕找不到比他们更聪明的农民了。与美国的农场相比，他们的农场规模小得多……但在厦门附近，预计每年能收获两季作物。
>
> ——毕腓力（Pitcher），1893 年

福建人在海外取得的成功与在国内同样辉煌。福州传教士麦利和在 1861 年写道：

> 中国人并未采取征服的方式，而是以移居的方式……在几乎每个亚洲国家，形成了庞大且具有影响力的群体……
>
> 无论身处何地，中国人的优秀文明总是能让他们迅速超越当地人……凭借智慧、勤奋和生意头脑，中国人几乎垄断了所有重要的高回报的行业，财富尽在股掌之间。他们成为所在社区的中坚力量和精神领袖……

西方人赞叹福建人无所不能，尤其钦佩他们的正直品格和生活哲学。罗斯·塔尔曼（Rose Talman）是一名传教士，于 1916—1930 年间在厦门传教。她在未出版

的回忆录中写道：

> 节俭（中国人不浪费任何东西）、耐心、勤劳和幽默，这是中国人应对现实生活的处世哲学……他们并不痴迷于追求物质财富，而是更渴望和平与稳定……在心理层面，东西方社会存在着较大差异。

福建人向来以崇尚教育著称。历史上福州拥有中国第一座公共图书馆，诗人韩愈（768—824）曾称赞福州的文化水平与长安不相上下。19 世纪问世的《英国国家人物传记大辞典》（*Dictionary of National Biography*）记载了 282 位中国人，其中有 161 位来自福建。朱熹（1130—1200）理学对亚洲的政治和文化产生了长达 800 多年的影响。

到了近现代，福建又出现了被誉为“马来亚的亨利·福特”的陈嘉庚先生，他倾资办学，创办了厦门大学。

…………

即便我在“有福之地”福建生活了近 40 年，仍感觉如同初涉征程，随时有新的发现。但正如 19 世纪来华的外国人所发现的那样，福建最宝贵的财富，是她的人民。我期待着向你介绍我的家和我的家人（我的大儿媳是福建人，我在福建生活了近 40 年，所以福建是我的第二故乡）。然而，福建之美，千姿百态，纵使我写上十几本书，也难以尽数展现她的美。在此，我只能分享一些我钟爱的风土和人物。

一如既往，福建最伟大的奇迹，是她的人民。如果你来福建，可以从美丽的鹭岛——厦门开启福建之旅。

第一章

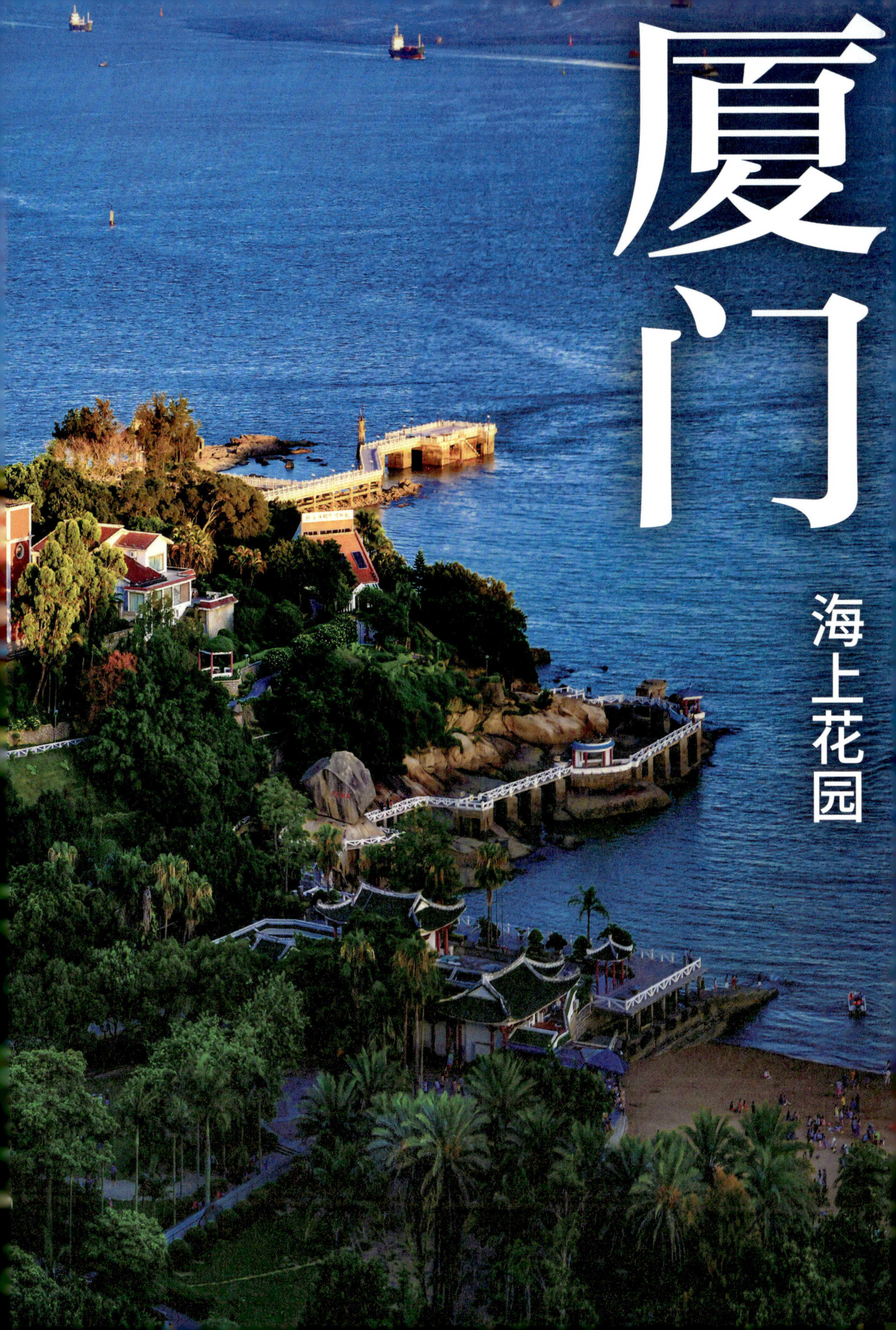
厦门
海上花园

站在鼓浪屿之巅，远眺辽阔的商港，眼前的景象美不胜收，如诗如画，充满生机……这个著名的转口港与周边景色相融，构成一幅精致的全景画卷……

——托马斯·阿罗姆（Thomas Allom，1804—1872）

✡ 鼓浪屿风光

厦门，被西方人称为“Amoy”，寓意“大厦之门”，几个世纪以来，它一直是中国南方的门户之一。厦门位于香港北面约 600 公里处，距离台湾约 350 公里。因为它拥有不可多得的天然良港。数百年来一直是海上丝绸之路的重要港口。

1920 年，有人这样描述厦门：

> ……每年约有 6 万人经厦门前往海外，主要目的地包括英属海峡殖民地、爪哇、婆罗洲和南太平洋诸岛……早在 1300 年，荷兰和葡萄牙商人就来到了这里。有一些外国男性的坟墓可以追溯到 1698 年、1702 年和 1710 年。

一个世纪前，孙中山先生曾设想将厦门建设成“东方大港”，这一宏伟蓝图如今正在逐步变为现实。

今天的“海上花园”厦门已与世界上 200 多个国家和地区建立了经贸关系。建立经济特区 40 多年来，厦门经济总量年均增长 15%，2023 年国内生产总值（GDP）为 8066.49 亿元。在厦门，约 70% 的工业产值、60% 的经济增长量和 40% 的进出口贸易额，由外资企业创造。

尽管厦门经济蓬勃发展，但生活节奏并不紧张，我们依然能享受“海上花园”的闲适生活。与成千上万的国内外游客不同，我无须乘坐飞机或者火车，只需跨出家门，便能欣赏到英国人托马斯·阿罗姆笔下的美景：

> 站在鼓浪屿之巅，远眺辽阔的商港，眼前的景象美不胜收，如诗如画，充满生机……这个著名的转口港与周边景色相融，构成一幅精致的全景画卷……

厦门的景点数不胜数，包括各大公园、博物馆、古刹、古老的教堂、厦门大学、集美学村、亚洲最大的钢琴博物馆——鼓浪屿钢琴博物馆、世界上最大的风琴博物馆之一——鼓浪屿风琴博物馆，以及中国最优秀的水族馆之一——厦门海底世界。

厦门市政府花费数千万元，精心保护和修复鼓浪屿上那些镌刻着时光印记的中外建筑，鼓浪屿因此被联合国教科文组织列入《世界遗产名录》。同时厦门也致力于保护厦门岛上的中西文化遗产。例如，中山路附近的历史建筑已经难以修复，厦门按照其原始的南洋建筑风格进行重建。中山路如今成为一条赏心悦目的步行街，无论昼夜，热闹非凡。

岛　内

厦门大学

厦门大学校主陈嘉庚被誉为“马来西亚的亨利·福特”，当年他的远见卓识令许多外国人都赞叹不已。1920 年，也就是厦门大学首次开学的前一年，胡金生曾如此描述这所大学：

> 这所学校，完完全全是一所中国人的学校……它坐落在中国的一个小村庄里。课程设置非常实用……若我们展望未来，在全中国最鼓舞人心的事物当中，这所学校称得上是其中一项。

当然，中国人历来重视教育。早在两千多年前，中国人就展现出了前卫的民主思想，即根据个人才能而非血统和权势来选拔官员。历史上陈黯历经 18 次科举考试仍未能高中，许多怀揣抱负的中国人在求学路上也如他一样从未言弃。在福建省省会福州，甚至出现过祖孙三代同时参加科举考试的情况。

尽管中国的教育曾领先世界数百年，但随着时代的变迁，中国没能应时而变。到了 19 世纪，这个曾经的天朝大国不再领先于世界各国，反而落于人后。有人将此归咎于清朝的腐败，有人则归咎于外来的鸦片，但少年陈嘉庚关注的并非问题的原因，而是解决之道——教育改革。

17 岁那年，陈嘉庚告别了厦门，远赴新加坡协助父亲经营大米生意。遭遇生意失败后，他又向福建同乡借款，开办了菠萝种植园和罐头厂。20 岁那年，他短暂地回到集美办学，这成为他投身教育事业，在中国和海外创办数十所学校的起点。

第一次世界大战期间，尽管陈嘉庚的菠萝生意受挫，但他种植在一排排菠萝之间的橡胶树为他带来了不断增长的财富，使他跻身南洋橡胶大亨之列。

在创办厦门大学后，陈嘉庚继续将余生精力奉献给中国教育的现代化事业。

陈嘉庚对厦门大学和集美学校的投资高达数百万元，其中，每月仅支付教师工资就需数千元。学校建筑有着西方古典主义风格的外墙和中式风格的屋顶，中西合璧，独具匠心，不仅体现了陈嘉庚立志兴办当代国际教育的梦想，也体现了其深深植根于心中的中华民族精神和价值观。

在厦门大学开办的第一年，超过一半的学生来自海外。一个世纪以来，厦门大学在许多方面都是中国国际化程度最高的高等学府之一。1956 年，厦门大学率先开办了海外教育学院。1988 年，我选择来到厦门大学，因为它是唯一一所为携带家眷的外国学生提供住宿的大学。2013 年，厦门大学成为中国第一所在海外设立具有独立校园分校的高校，即创办厦门大学马来西亚分校。2014 年，厦门大学成为全球 OneMBA 项目在中国的唯一合作院校。

2024 年春节期间，厦门大学每天迎来约 15000 名游客，难怪大家都说厦门大学是厦门的热门旅游景点之一。厦门大学被誉为中国最美的大学，坐落在五老峰和美丽的白城沙滩之间。

走进厦门大学，跨过芙蓉湖上一座典雅的中式拱桥，便来到湖心岛。岛上不仅

✿ 厦门大学群贤楼

✿ 厦门大学上弦场

有栩栩如生的学生群雕，还矗立着厦门大学创办人陈嘉庚的铜像。

离开芙蓉湖往前走，你会看到鲁迅雕像。在鲁迅雕像的一旁，坐落着中国第一座人类博物馆。绕到这位文学巨匠的雕像背后，越过山坡，你便会看到厦门大学校园里最佳的拍照打卡点——宏伟的上弦场，这个半椭圆形的大运动场拥有足球场的活力和辽阔的视野。

南普陀寺

南普陀寺，是厦门最著名的旅游景点之一，就坐落在南门外。这座寺庙至今已有1000余年的历史，殿堂和亭台楼阁遍布五老峰。南普陀寺最初名为泗洲寺，这一名称可能与当时来自西域的和尚有关，他常住泗洲城，被认为是观音菩萨的化身。因南普陀寺供奉观音菩萨，又位于浙江普陀山以南，因而得名“南普陀寺”。

在闽南地区流传着一句俗语：“厝顶有出戏。”其中，“厝顶”指的是屋顶，“有出戏”则形容屋顶上色彩斑斓、形象生动的剪瓷雕装饰，像在演戏的戏台。南普陀寺的正殿——大雄宝殿的屋脊呈现出弯月形的起翘，犹如紫燕凌空飞翔，其上的“九鲤化龙”“麒麟奔走”“凤凰展翅”等图案，正是剪瓷雕这一闽南传统手工艺术的佳作。

南普陀寺的闽南佛学院成立于1925年，汇聚了众多僧侣。他们致力于研究经堂中的数千件珍贵古籍和文物，其中包括一部用鲜血写成的明代《妙法莲华经》、一尊明代白瓷观音像、28尊缅甸玉佛，以及圣僧火化后留下的舍利子等。

南普陀寺一直以素食闻名遐迩。寺内僧侣们在做仿荤素菜上有无穷的创意，推出了糖醋素排骨、腰果素酱鸡和花生素酱鸭等经典菜肴。栩栩如生的大豆素酱鱼不仅口感丰富，造型更是精巧。素酱鱼有头、有尾、有腮，甚至还有鳞片，惟妙惟肖。

游览完南普陀寺，品尝过素菜之后，就可以翻过寺后的小山，前往厦门园林植物园。

✡ 南普陀寺

南普陀寺的飞檐斗拱

厦门园林植物园

厦门园林植物园，亦称“万石植物园”，占地面积4.93平方公里，数百年来以其风景如画的小径吸引着当地居民和游客。这些迷宫般的小径蜿蜒穿行于山丘之间，沿途有“太平石笑”等错落其间的巨石，还有众多历代摩崖石刻。沿途的标签用中文和拉丁文标注了各种植物的名称和产地。园内20多个苗圃里，培育着7000多种热带和亚热带植物，其中不少是珍稀品种。

园内还坐落着几座风格独特的寺庙、一座尼姑庵和虎溪素食馆。其中虎溪岩寺坐落于醉仙岩西侧。相传，岩下有藏虎山洞，洞中曾住着一只老虎，所以石砌的“仙人桥”也被称作“渡虎桥”。这个故事颇具可信度，因为据说在20世纪20年代，在鼓浪屿的一个英国家庭后院里发现过一只老虎。

关于此洞，当地流传着一个故事。每逢农历十五，满月东升，月光照进洞里，正好照在

✿ 厦门园林植物园的万石湖

✿ 厦门园林植物园静谧的午后

✡ 厦门园林植物园

泥塑佛像和泥塑老虎身上，虎影投诸石壁，随光晃动，若欲一跃而起，活灵活现，令人望而生畏，形成绝妙的“虎溪夜月”胜景。在中秋节当晚，成千上万的朝圣者争先恐后地前来，只为目睹月亮施展的魔法。

万石莲寺位于植物园内，始建于明末，清康熙年间由施

琅将军重建。寺庙大门上的对联出自著名的弘一法师之手。

天界寺以寺内晨钟而闻名，被誉为“天界晓钟”。

园内还分布着中岩寺、太平岩寺、白鹿洞寺、紫云岩寺和紫竹林寺等多座寺庙。闽南佛学院女众部则位于紫竹林寺内。

鸿山公园

鸿山公园位于思明南路，是一个美丽的小公园。园内不仅有气势雄伟的山景、寺庙，还有游乐设施。登上山顶可以欣赏到全城最迷人的景色。在暴风雨来临之际，风随山转，雨乘风势，来回旋转，相互交错，状如织布，形成当地人所说的“鸿山织雨”。这种情况下，即使你打伞也无济于事，风雨足以浇灭人们野餐的好心情。

在离开公园之前，不妨去鸿山寺体验一下那里的素食自助餐（可以乘坐电梯到四楼），定能为旅程增添一份愉悦。

中山公园

中山公园是为纪念孙中山先生而建的。在中国，很多大大小小的城市都设有中山公园。

厦门的中山公园内设有小型动物园、游乐园，不定期有来自各地的展示和表演。元宵节前夕，男女老幼都会提着各式各样的灯笼——传统的布灯笼、纸灯笼，或是鱼、马和各种卡通人物造型的塑料灯笼，在公园和市中心欢快地游街，共度佳节。

金榜公园——陈黯的失意归宿

除了4000多年前的新石器时代定居者外，厦门最早的居民可追溯到7世纪中叶一个来自西安的家族。他们在金榜山上定居，后代之一陈黯，因在科举考试中屡败屡战而闻名。

陈黯自幼聪颖，10岁便能作诗，然而成年后，他18次挑战科举考试，却屡屡落榜。直至60岁，他终于放弃科考之路，在金榜山上隐居，度过余生。“金榜”二字意为“金榜题名”或“考试第一名”，这个名称正体现了陈黯的决心、奋斗精神和坚持不懈。后来他传道授业，桃李盈门。作为厦门的文化先驱之一，陈黯至今仍受到人们的敬仰。

1991 年，厦门火车站南侧建立了占地面积 91 公顷的金榜公园，园内有当年陈黯隐居的石室，还有一座陈黯的石雕。

玩转环岛路

环岛路是厦门市环海风景旅游干道之一，全长 43 公里，靠海一侧设有专门供徒步旅行者、骑行者和轮滑爱好者使用的辅路。沿途有花园、草坪和野餐区，也是放风筝的理想场所。借助合适的望远镜，就能看到对面的金门大小岛屿。

每逢元宵节和中秋节，金门和厦门都会燃放烟花，环岛路会因此变得格外热闹。

创下吉尼斯世界纪录的海岸大炮

胡里山炮台位于环岛路上，用花岗石条建造，并以红糖、糯米浆和乌樟树汁拌泥沙夯筑而成，坚不可摧。炮台最引人注目的是一门创下吉尼斯世界纪录的重 87 吨的德国克虏伯大炮。这门大炮购于 1893 年，是“世界现存原址上最古老最大的十九世纪海岸炮”。它的长度甚至超过拿破仑遗弃在莫斯科、目前陈列在克里姆林宫的那门大炮。

“英雄小八路”纪念馆

20 世纪 50 年代，蒋介石逃往台湾后，向厦门及其邻近小岛发射了数十万发炮弹。当何厝村遭遇袭击，通信线路被毁坏时，何厝小学的同学们挺身而出，徒手将电线重新连接在一起，直到线路被修复。何厝小学设有一座“英雄小八路”纪念馆，运动场上还陈列着当年遗留下来的重炮和机枪。

厦门桥梁博物馆

厦门桥梁博物馆是我最喜欢的博物馆之一，因为中国自古以来就以数量多且设计精致的桥梁闻名于世，而福建人就建造了一些中国最具特色的桥梁。我尤其喜欢福建那些造型优美的木拱廊桥，它们亦被称为虹梁式木构廊屋桥，其中不少已跨越了近千年的岁月长河。再看由花岗岩叠砌而成的泉州安平桥。安平桥建于1138年至1152年间，全长2255米，是中古时代世界上最长的梁式石桥。就在它的北面，坐落着泉州洛阳桥，是福建匠人早在900多年前就巧妙运用生物工程学技术建造而成的跨海梁式石桥！

厦门桥梁博物馆还展示了其他省份及国外的桥梁模型，如北京的卢沟桥、四川的泸定桥，以及英国的伦敦桥和法国的诺曼底大桥等。

厦门“伞巷”

直至20世纪20年代，在厦门大约50万居民的住宅区中，多数巷子都是高9米、宽仅3.7米的城墙里。这些巷道曲径通幽，如同迷宫一般，常引起外国人的无限遐想。1912年，毕腓力牧师曾描绘道：

> 这些巷道又窄又弯……蜿蜒曲折，起伏跌宕，你走着走着，最后发现无路可走。即便是最睿智的旅者，也难免迷失其中。在厦门，笔直的街道实属罕见，甚至难以找到一条可以被称作“笔直”的道路。更甚者，这些巷道不仅弯曲，而且狭窄异常，令人举步维艰。有些巷道甚至窄到连伞都不能撑开……

很多古老的街巷都设计得弯弯曲曲，因为老一辈中国人相信鬼只能走直线。遗憾的是，厦门这样的街巷大多已不复存在，仅鼓浪屿和厦门市区的一些小巷还保留着旧时的模样。

我喜欢坐在隐藏于百年老建筑里的小咖啡馆里，或品茗或喝咖啡，或欣赏巧手金匠修复珠宝，或近距离观看裁缝踩着老式蝴蝶牌缝纫机缝制衣服——这些缝纫机看起来就像出自1880年的西尔斯（Sears）商品目录。

我看到一个在小摊位上忙碌的年轻人，问他是如何学会修理这么多东西的。他只是耸了耸肩，说："看书学的。"

"你能修理什么？"我又问。

他咧嘴一笑，回答说："只要书上有的，我都能修。"

如今，厦门有了六车道的观景公路、环岛路，以及数公里长的隧道、地铁，还有两条海底隧道和多座大桥。但我仍喜欢在厦门"伞巷"信步而行，感受那份穿越时空的闲情逸致。

筼筜湖的生态蝶变

厦门港是世界十大天然深水良港之一，曾经是船只的理想停靠地。在19世纪末，它不仅是德国人最喜爱的亚洲港口，也是重要的水产品生产基地。筼筜湖原为一个海湾，与大海相通，用作母港码头，后因港口西部筑起堤坝，变成城市内湖，原本风景如画的筼筜湖被淤泥堵塞，开始变得臭气熏天。每次不得不骑车经过那儿时，

✿筼筜湖夜景

✿筼筜湖白鹭

我都得用湿毛巾捂住脸，以抵挡那股恶臭，连鸟儿和其他野生动物都纷纷逃离了这个地方。

有专家建议干脆将筼筜湖填平，改为农田。但在 1988 年 3 月，时任厦门市委常委、常务副市长的习近平同志召开专题会议，提出“依法治湖、截污处理、清淤筑岸、搞活水体、美化环境”的 20 字治湖方针。1994 年，筼筜湖整治工程被联合国开发计划署评为“东亚海域海洋污染预防与管理示范项目”。

如今，筼筜湖已从曾经的脏乱差变成厦门的“城市会客厅”，吸引了游客、房地产开发商、野生动物（含 90 多种鸟类，其中包括 1000 多只厦门市的市鸟——白鹭）。

白天，筼筜湖是龙舟赛和国际快艇赛等水上体育赛事的热门举办地，但夜晚的筼筜湖才是真正热闹的地方。喷泉随着古典音乐的节奏翩翩起舞，白鹭洲四周的彩灯雕琢出一条明亮的天际线，美不胜收。

新街礼拜堂——中国第一座新教教堂

在英国挑起第一次鸦片战争，迫使中国开放通商口岸之前，那些在亚洲其他国家与中国人打交道的外国商人或传教士，都已经学会了当时最常用的闽南话。所以当中国被迫开放国门时，凭借语言优势，他们就自然而然地聚集到厦门了。

中国第一座新教教堂——新街礼拜堂建于 1848 年，位于中山路后面的一条小路上。如今，每周日上午和下午都有 1000 多名信徒前来做礼拜。

新街礼拜堂在圣诞节尤其热闹。一个多世纪以来，厦门的教堂一直以钢琴演奏和唱诗班而闻名。每逢平安夜，不管是不是基督徒，很多人都会来教堂欣赏平安夜音乐会。

鼓浪屿——“地球上最富庶的方寸之地”

……鼓浪屿，曾是富裕商人们颐养天年的理想之地，也曾是“地球上最富庶的方寸之地”。

——诺马尔·古道尔（Normal Goodall），1920 年

……鼓浪屿的富人比世界上任何其他地方都多，加州帕萨迪纳除外。

——胡金生，1920 年

1902 年，鼓浪屿是中国仅有的两个公共租界（上海公共租界和鼓浪屿公共租界）之一，如今，已被联合国教科文组织列入《世界遗产名录》。虽然面积远不及上海，但鼓浪屿不仅被誉为“地球上最富庶的方寸之地”，还是最具才华的地方。中国人和外国人都在这座小岛投入大量的资金办教育，培养了现代医学、音乐、文学、科学、艺术和体育等众多领域的先驱。

著名的鼓浪屿居民有“中国现代妇产科学的主要奠基者”“万婴之母”林巧稚大夫、“中国现代体育之父”马约翰、国际著名画家兼第一个参加奥运会的中国人——周廷旭（1924 年代表英国篮球队参加了法国巴黎奥运会）、著名天文学家余青松、享

✿ 鼓浪屿

誉全球的作家林语堂、“拼音之父”卢戆章、被《纽约时报》赞誉为“中国最优秀的钢琴家”的殷承宗、“热带医学之父”万巴德（Patrick Manson）、因发明晶体管而成为诺贝尔奖共同获得者的沃尔特·布拉顿（Walter Brattain）。

从清代起的百年时间里，鼓浪屿上曾设有13个国家的领事馆，包括美国、英国、法国、日本、德国、西班牙、丹麦、葡萄牙、荷兰、奥地利、挪威、瑞典、菲律宾和

比利时等。如今，昔日的领事馆和 1000 多座富有厦门装饰风格的宅第仍矗立在鼓浪屿上，深刻地提醒着人们，在那个年代，没有什么地方比厦门更热闹。

20 世纪初，鼓浪屿被认为是“地球上最富庶的方寸之地”，但外国人控制着从警察、军队到海关的一切。几个世纪以来，欧洲人在亚洲的势力并非依靠发展商业，而是通过武力征服建立起来的。然而，正如福州传教士麦利和在 1861 年所写的，华

✿ 鼓浪屿一角

人在东南亚获得财富，靠的是他们的“生意头脑、勤奋和坚持不懈的精神”。他们不是采取武力征服的方式，而是利用自己的经济影响力，在第二故乡发挥主导作用。鼓浪屿华人的经商方式与他们在海外的亲戚如出一辙，因此，虽然西方人拥有枪支和权力，但华人控制着这个“地球上最富庶的方寸之地”的大部分财富，应了老子所言，“天下之至柔，驰骋天下之至坚”。

在鼓浪屿下船后，你会发现岛上禁止汽车和自行车通行。游客可以选择乘坐电瓶车游览，但我更推荐你漫步小岛，享受悠闲时光——走过海滩，穿过热带植物园，探访古色古香的小咖啡馆和餐厅。

鼓浪屿最受欢迎的景点包括日光岩（郑成功曾在此训练士兵）、华侨亚热带植物引种园（里面有1000多种植物）、海底世界、钢琴博物馆和风琴博物馆，以及1000多座厦门装饰风格的别墅。这些别墅展现了闽

✿鼓浪屿上的老别墅

✡ 天主堂

南地方传统民居和西方建筑的完美融合。

为了保护这片植物和文化的绿洲，厦门倾注了大量心血和资金，将很多工厂迁移出岛，斥巨资实施鼓浪屿历史遗产保护计划，其中包括保护建于1850年的原西班牙领事馆等历史建筑。原西班牙领事馆是一座三层楼高的建筑，是现存最古老的使馆建筑之一，如今已被改造成一家酒店。在它旁边，矗立着一座建于1917年的新哥特式天主堂，古雅的绿色木制尖拱天花板堪称艺术品。

鼓浪屿上美丽的三一堂，建于20世纪30年代，采用了新古典主义设计风格。两层楼高的丹麦大北电报局则由拱形廊柱环绕着。农业银行有三层楼，建于1905年，最初作为法院使用，其风格融合了多种欧洲建筑元素。黄荣远堂坐落在福建路上，据说建筑风格类似于17世纪的意大利宫殿。如果想更深入地了解厦门装饰风格，请参阅我写的双语图书《魅力鼓浪屿》。

日光岩是鼓浪屿的名片。游客乘坐缆车或沿着台阶拾级而上，即可到达日光岩。19世纪，外国人曾称日光岩为“骆驼山”。这座山峰见证了郑成功操练军队，最终从荷兰人手中收复台湾的伟大功勋。站在日光岩上，你可以俯瞰鼓浪屿，远眺厦门岛，尽情领略海岸的迷人风光。

鼓浪屿素有“音乐之岛”的美誉。鼓浪屿禁止汽车和自行车通行，因此游客耳畔只有海浪拍岸声、海鸟鸣叫声、小贩走街串巷的叫卖声，以及无数琴童此起彼伏的练琴声。19世纪的传教士一手拿着《圣经》，一手搬着钢琴（想必臂力十分惊人）来到厦门，使鼓浪屿的人均钢琴拥有量超过了中国其他任何一个地方——平均每五户人家就有一台钢琴。在岛上几乎每个星期都能欣赏到西方或中国古典音乐的独奏会或管弦乐演出。

鼓浪屿钢琴博物馆是澳大利亚华侨胡友义先生回到祖籍地建造的

郑成功雕像

亚洲最大的钢琴博物馆。这座博物馆陈列着胡先生收藏的来自世界各地的100多架名古钢琴和100多盏名贵的古钢琴灯台。其中包括法国街头音乐家使用的手摇钢琴（没有键盘）、稀有的羽管键琴——克莱格钢琴、来自荷兰的“理彭”牌立式三角钢琴……

我曾有幸带美国驻华大使兰特（Randt）和洪博培（Huntsman）参观鼓浪屿，钢琴博物馆给他们留下了深刻的印象，洪博培大使的女儿还即兴表演了钢琴独奏，让众人惊艳不已。

鼓浪屿风琴博物馆是世界上最大的风琴博物馆，位于红色穹顶的八卦楼内。钢琴博物馆的创办人胡友义先生也为其捐赠了乐器。

馆中收藏着一架1909年制造的具有历史意义的“诺曼－比尔”（Norman & Beard）管风琴。这架管风琴高达6米，拥有1350根音管、3层键盘和32个音栓。澳大利亚管风琴技师伊恩·韦克利（Ian Wakeley）花了一个多月的时间对其进行修复和调音。

鼓浪屿钢琴博物馆

尽管这架管风琴已有一个多世纪的历史，但由于用料考究，至今依然保存完好。

林巧稚纪念馆（毓园）是鼓浪屿上另一处值得参观的景点。林巧稚教授被誉为中国妇产科医学之母，一生亲自接生了 5 万多名婴儿，其中包括我的朋友——一个在 20 世纪 40 年代出生于北京的美国人。纪念馆中展示了这位无私女性的遗物和珍贵照片。如果想进一步了解林巧稚和其他鼓浪屿名人的生平，可以阅读《魅力鼓浪屿》。

参观完厦门岛内和鼓浪屿上的景点，可以前往厦门岛外的集美区、同安区和海沧区。

古老的管风琴

集美学村陈嘉庚铜像

集　美

集美学村是集美区的热门景点之一。集美学村的创办人和厦门大学一样，都是陈嘉庚先生。

在厦门大桥的另一头，昔日的小渔村如今已是占地约 31.32 平方公里的“集美文教区”，拥有集美大学、华侨大学、厦门理工学院和厦门华夏学院等高校。

1912 年，陈嘉庚先生在家乡集美社的祠堂旧址上创办了集美小学，随后又建立了师范学校、集美中学、水产学校、农林学校、商科学校等院校，并在闽南其他地区资助建设了 70 多所学校，还在东南

鳌园景致

亚各地兴办了许多学堂。在创办各校时期，他还为师生配备了科技馆、体育馆、图书馆、医院和航海俱乐部等。

游览集美学村时，你不妨参观陈嘉庚先生的故居以及鳌园。鳌园分门廊、集美解放纪念碑和陈嘉庚陵墓三个部分。园内约有666件精美的石雕，这些立体浮雕繁复细腻，由惠安的石匠们精心雕刻而成，栩栩如生，令人叹为观止。其中一块浮雕让我联想到达·芬奇的名作《最后的晚餐》，只不过眼前这幅作品的背景是社会主义社会。

龙舟竞渡是集美当之无愧的名片。中国人举办龙舟比赛的历史可以追溯到2000多年前。陈嘉庚先生于1950年建造了宽300米、

✿ 龙舟池上

✡ 龙舟池池畔

长800米的龙舟池，并建造了10艘龙舟，每艘可容纳16名划手。从那时起，集美就以龙舟赛闻名，每年都有来自世界各地的龙舟队汇聚于此，一较高下。

陈嘉庚在龙舟池池畔筑造了七个风格各异的中式亭台，被称为“七星坠地”。他还亲自设计了龙舟池中央的两座水榭，取名为“孤星伴月”。

同　安

同安是厦门市较为偏远的区域。这里山清水秀，是值得一游的好地方。同安有着 1700 多年的历史，在厦门城兴起之前，同安老县城一直是同安湾一带的政治和经济中心，也是过火等民俗的发源地。

西晋太康三年（282），置同安县，同安县从晋安县析出，不久废。唐贞元十九年（803）设大同场，后晋天福四年（939），大同场升为同安县，属泉州府。明洪武二十七年（1394），筑厦门城，仍为同安属地。1953 年，同安县的集美被划入厦门，1958 年，同安的其余部分也归属厦门。1970 年，同安划归泉州晋江，但仅仅三年后又重新隶属厦门。

那么，同安的隶属为什么在晋江和厦门之间来回交替呢？彼时的同安占地达 1079 平方公里，不仅文化底蕴深厚，历史遗产丰富，而且山、海、林、泉资源丰富。这里山涧瀑布飞流直下，古寺隐匿于险峰之上，还有“蝴蝶谷”等生态旅游胜地。此外，同安还因古代遗迹而闻名，如生产青瓷和珠光青瓷的汀溪窑址，这里出产的瓷器在古代亚洲，尤其是日本，被视为珍宝。

如要开启同安之旅，可以从探索“苏颂文化之路”开始，然后参观古老的孔庙、梵天寺，和北辰山游览区的“十二龙潭瀑布”、风景秀丽的“蝴蝶谷”……

当然，别忘了品尝当地的美食。烧肉粽、鱼皮花生、文昌鱼、炸五香、炸枣、马蹄酥（不是真的马蹄）、番薯粉粿、进士芋，以及当地的米酒，都是同安不容错过的美味。来自同安的印度尼西亚华侨还将蒜香鸡、肉串、春卷、土豆肉丸、豆腐肉丸、糖醋牛肉、椰香牛肉、苦瓜配肉丸等印度尼西亚美食带回同安。

保生大帝及过火习俗

中国民间的过火习俗在整个东南亚地区广为流传，据说起源于同安。每逢农历三月十五日，即“保生大帝”吴本的诞辰，同安都会举行这一传统民俗活动。

吴本，出生于北宋太平兴国四年（979），泉州府同安县白礁村人，从小就拥有过目不忘的本领。他自幼酷爱读书，过目成诵。他的学识才华为他赢得了一份御史的官职，但他最终辞官修道，隐居山林。在宋仁宗明道元年（1032）的大饥荒中，他组织乡民给泉州和漳州的饥民送去大米，并在次年奇迹般地治愈了一场大瘟疫。他还因治愈了宋仁宗母亲的顽疾而备受尊崇。

吴本58岁去世后，乡民为了纪念他修建了庙宇。吴本去世百余年后，南宋高宗皇帝为其重建双层宫殿式庙宇。明永乐十七年（1419），明太宗赐封他为“万寿无极保生大帝”。如今，保生大帝庙宇遍布中国大陆和台湾，其中大龙峒保安宫是台北三大庙宇之一。

在吴本的诞辰纪念日那天，数百斤木炭被点燃，熊熊大火燃烧一小时左右。随后，这些炭火被平整地铺成一条宽1.8米、长9米的火路。一队身着白衣的男子抬着神明的轿子，在火堆周围巡游。

随后，他们抬起轿子，赤脚飞跑着踏过火堆。这些蹈火者的勇气令人敬佩，然而他们难免要遭受烧伤的痛苦。仪式结束后，围观者会舀起炭火带回家，祈求好运。

这让我想起美国“科学狂人”的火行术，即匹兹堡大学的威利（Willey）教授身着衬衫、打着领带，踏过熊熊燃烧的炭火，以此激发物理系学生对热力学的兴趣。他表示：“没有什么比我自己可能会丧命更能吸引学生的注意了。”1998年，威利教授以50米的走火距离创造了世界纪录，并在接下来的10年间频繁现身许多电视节目。我很期待他来福建表演火行术。

同安才子

苏颂（1020—1101）于北宋元祐年间完成了世界上第一座天文钟——水运仪象台，比欧洲的第一座天文钟早了600年。他所作的《新仪象法要》对此有详细描述，包含60多幅详尽的插图，介绍了天文钟各个独立部件，是中国现存最早的水力运转天文仪器专著。这座由水力驱动的木塔高约12米、宽7米，上层用于天文观测，中层展示天体现象，底层则设有活动木偶计时器，用以报时。

苏颂还是一位杰出的本草学家。宋嘉祐六年（1061），他编纂完成《图经本草》。这是一本药物学巨著，参考了200多种文献，其中一些资料的历史可以追溯到2000年前。

若想了解有关苏颂生平的更多信息，可参观苏颂科技馆，以及后晋开运年间（944—946）建立的苏颂故居。

海　沧

当厦门建起一座创纪录的吊桥通往海沧时，我创作了一幅漫画《海沧大桥，通往何处？》，因为那时海沧除了农民和渔民，似乎一无所有。然而，中国人总是具有远见卓识的。如今，海沧已经成为厦门的“浦东”，是一个宜居宜业的地方。

我喜欢的海沧景点有很多。

开台文化公园

我惊讶地发现，第一批定居台湾岛的大陆人来自海沧。埃默里大学教授欧阳泰（Andrade）在2007年写道：“1623年，荷兰人抵达台湾时，发现约有 1500 名大陆游客和居民，他们最初由海沧青礁村人颜思齐带领来到台湾。如今，颜氏家族在台湾有十多万后裔。”

2019 年，开台文化公园在青礁村开园，土地由青礁村农民慷慨捐赠。海沧和台湾两地的颜氏宗亲共捐资近 300 万元，共同修建了这座公园。2021 年，在庆祝颜思齐开台 400 周年之际，颜思齐的故事被正式编入大陆中学历史教科书。

定居台湾的大陆人学习当地少数民族语言，帮助当地人从艰苦的渔猎生活过渡到更稳定的农业生活，同时也促进了两岸之间的贸易往来。然而，欧洲人的贸易方式却与之大相径庭。

荷兰人到台湾后，要求中国停止与荷兰以外的其他国家进行贸易往来，并将葡萄牙人驱逐出澳门，中国人感到非常震惊，并对此无理要求置之不理。于是，荷兰人袭击了中国的船只，扣押了人质，并奴役了 1500 名中国人，在澎湖岛上修建要塞，作为控制中国贸易的基地。这些中国人遭受了极其恶劣的对待，其中有 1300 人不幸丧生。当福建官府警告荷兰人必须离开澎湖列岛时，荷兰人却袭击了厦门和其他沿海城市，试图“让中国人感到恐惧”，但中国人没那么容易被吓倒。荷兰驻台湾最后一任总督揆一（Frederic Coyett）写道，中国士兵在战斗中表现得“如此勇猛无畏，就好像每个人都在家里留有分身一样”。

1624 年，中国允许荷兰人在台湾进行贸易，但荷兰人很快反客为主，要求台湾岛上的人和大陆人只能与荷兰人进行贸易，随后他们又以高价转售所有商品。

在西班牙入侵台湾北部，企图阻挠荷兰与中国之间的贸易之后，荷兰人封锁了马尼拉，以阻止西班牙与中国及日本日益增长的贸易往来。美国驻华署理公使田夏礼（Charles Denby）在 1906 年写道，几个世纪以来，欧洲的贸易行为更像是海盗行径，而非正当商业行为：

荷兰人抵达台湾，占领了澎湖列岛，并在厦门登陆……当时，荷兰正与西班牙和葡萄牙交战；他们的商船全副武装，既是为了贸易，更是为了掠夺战利品。

然而，欧洲人清楚地知道，福建官府对台湾的贸易拥有决定权。1627年，当福建官员调查西班牙未经批准在基隆建立定居点时，西班牙指挥官伐尔得斯（Antonio Carreño de Valdes）声称，西班牙只是在帮助中国消灭海盗。随后，他向福建官员赠送了礼物，希望能因此获得一份有利于西班牙的中国政府报告。

当郑成功最终将荷兰人赶出台湾时，荷兰总督揆一抗议说荷兰人和中国人是朋友，郑成功却回应："荷兰人和其他外国人一样，和中国之间所谓的友谊只有在有利可图的情况下才会持久。如果利益消失，友谊也随之消失——他们就会背叛中国。"

海沧青礁慈济宫

青礁慈济宫是为纪念宋代神医、保生大帝吴本而建的，如前文所述，吴本为世人所传颂的为民救病、救人急难的故事数不胜数，其中便有为仁宗皇帝的母后医治顽疾的事迹。治病时，由于百姓不得接触皇室成员，吴本就采取悬丝切脉的办法为皇太后治病，即皇太后手持丝线的一端，吴本牵着另一端感受她的脉搏。尽管皇太后命悬一线，吴本还是成功地治愈了她。

吴本去世后被尊封为"医圣""保生大帝"，村民们怀着感激之情，集资为他修建庙宇和塑像。1150年，宋高宗扩建庙宇，并赐名"慈济庙"，1241年更名为慈济宫。

✡ 海沧青礁慈济宫

漆　画

想要领略延续 300 多年的艺术作品的魅力吗？那就来开启一场漆画艺术之旅吧！

福建省省会福州以“福州三宝”之一脱胎漆器闻名，而厦门，则以拥有 300 多年历史的金色漆线雕著称。然而，我怀疑是否还有任何漆艺作品，能在复杂性和美感上与漆里艺术品公司里为金沙书院精心制作的 7 幅巨型漆画相媲美。这些漆画是由来自海峡两岸的艺术家团队共同完成的杰作。

中国拥有数千年的漆艺传统，全国各地有 6000 支漆画队伍，创造了世界上最好的漆艺作品，而中国最好的漆艺，无疑来自厦门，这里汇聚了 1000 多名漆画艺术家。在过去的一个世纪中，三代艺术家对这门艺术精益求精，因此，漆里艺术品公司的艺术家们无疑是精英中的精英。

这 7 幅以海沧历史文化为主题的画作，是为历史悠久的金沙书院特别创作的。我非常欣赏郑力为创作的《朱子问学》和《碧海青波》，他曾获得中国美展首届漆画最高奖。但

✿美轮美奂的漆画

我最喜欢的还是《颜郑开台》，这幅作品生动地描绘了颜思齐带领海沧村民移居、垦拓台湾的情景。

长沙马王堆汉墓出土的漆画精美绝伦，如同 2000 多年前刚刚绘制而成一般。吴嘉诠教授告诉我："一般的绘画或书法作品最多只能保存 1000 年，而漆画可以保存 3000 年。"

听到这话，我会心一笑。毕竟，只有中国人才会觉得 1000 年的时光太短。

漆画的创作，从在地板上绘制全尺寸的草图开始，到作品完成，至少历经 46 个步骤和工序，往往需要一年多的时间。漆画那鲜艳夺目的色彩，源自天然的材料，如朱砂、银粉和绿松石，令人称赞。漆画上镶嵌的数千个精致小件，是用五彩贝壳、蛋壳、金箔和银箔等材料切割而成的。最后一道工序是对漆画进行打磨，直到它可以历经 3000 年而光泽依旧。

金沙书院：昔日的海洋学堂

在中国古代众多的书院中，金沙书院是独一无二的，它有着"海洋学堂"的称号，原因有三：首先，它坐落在海边；其次，它对海沧在海上丝绸之路中所起的作用至关重要；最后，它曾刊刻最早一张传入欧洲的中国地图。

根据著名儒学家林希元的记载，明嘉靖年间（1522—1566），葡萄牙商人在海沧建立了名为"金沙公馆"的商务中心。他们迁往澳门后，这个公馆被改建为金沙书院，并于 1555 年刻印了一张独一无二的中国地图——《古今形胜之图》，原图纵 115 厘米、横 100 厘米。1574 年，一位闽南商人将此无价之宝赠予了西班牙驻菲律宾的第二任总督，总督又将其转交给西班牙国王。如今，这幅地图被陈列在西班牙塞维利亚的西印度群岛总档案馆中。金沙书院曾赠予我一张地图的复制品，其上用西班牙文书写着密密麻麻的注释和五花八门的主要地点名称，深深地吸引着我。

鉴于海沧在历史和现代贸易中发挥的关键作用，厦门政府决定重建昔日的海洋学堂。

2024 年 6 月，重建后的金沙书院落成，是一座具有浓厚闽南建筑风格的四重院落，一字排开，红墙、红瓦、夯土、木拱，大跨度连续性五重曲面屋顶，如一部朝天铺开的经折装古书。

陈嘉庚先生故居

第二章

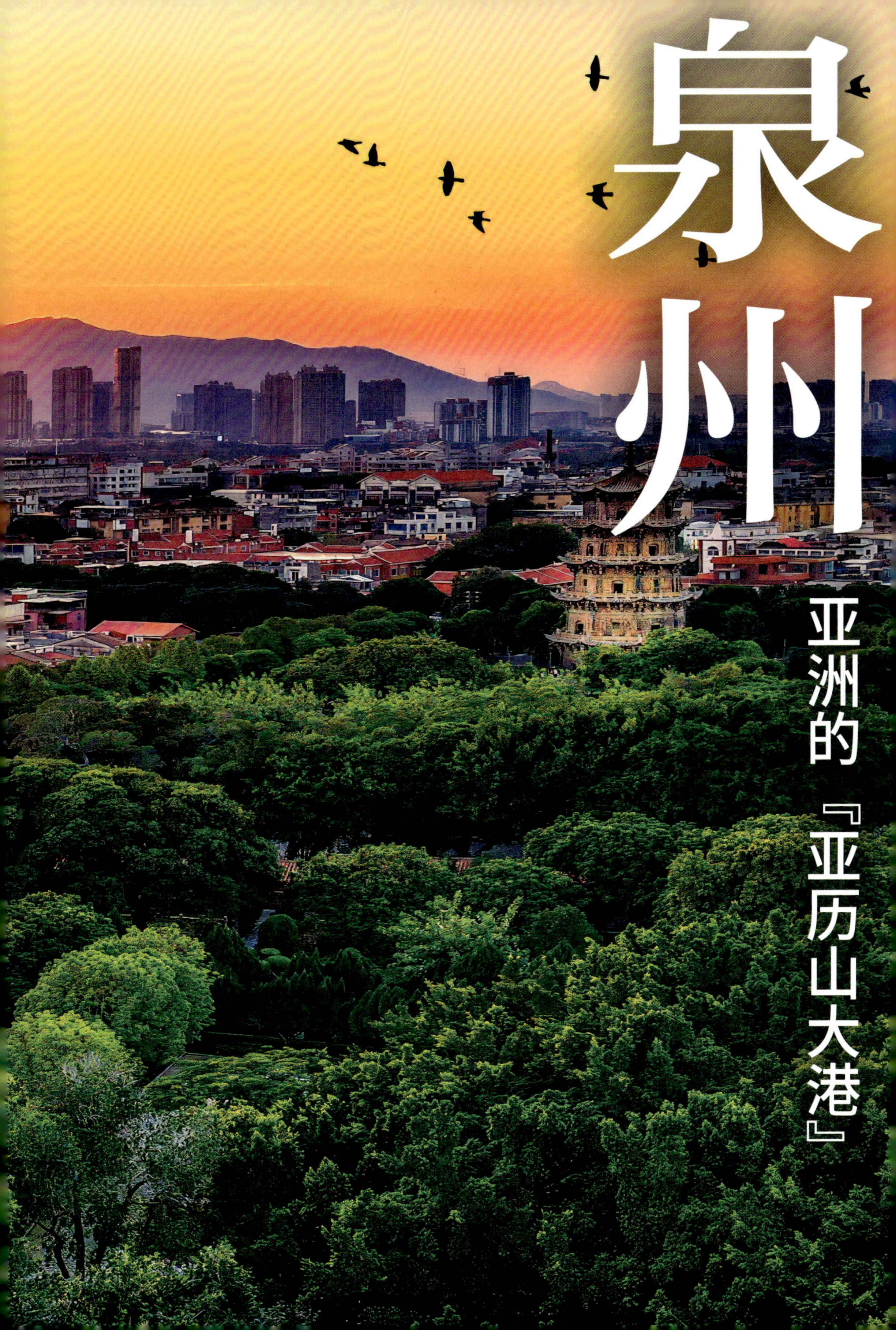

泉州

亚洲的『亚历山大港』

刺桐港无疑是世界上最伟大的港口之一。不，更确切地说，它就是最伟大的港口。在那里，我目睹了大约一百艘宏伟的大帆船，而那些小帆船更是数不胜数……

——伊本·白图泰，14世纪初

刺桐城的前世今生

阿拉伯冒险家伊本·白图泰（1304—1377）热衷于周游世界，一生行程超过 12 万公里，游历广泛的他也对泉州的景象赞叹不已。阿拉伯人称泉州为“刺桐城”（Zaytun），英文单词 satin（绸缎）一词便源于此。早在 7 世纪，泉州便已是一片繁华景象。然而，1087 年之后，随着宋朝皇帝允许外国船只在泉州（而非广州）通关，泉州一跃成为中世纪全球最大的港口，同时也是中国这个富裕国家中的佼佼之地。

泉州出口的货物包括农产品、木材、钢铁、德化瓷器，以及泉州和漳州出产的丝绸，其丝绸品质之高，据说甚至超越了中国丝绸重镇杭州和苏州的产品。

伊本·白图泰写道：

> 他们（中国人）盛产丝绸……如果没有商人，丝绸将根本无法展现其价值……

如今，泉州拥有丰富的名胜古迹。而且，这座城市很可能是《阿拉丁神灯》故事灵感的发源地。

1326 年 1 月，泉州方济各会主教安德鲁·佩鲁贾（Andrew of Perugia）向罗马寄去一封信。他在信中描绘了刺桐城的伟大，尽管连他自己也觉得难以置信。他写道：

> 这位伟大帝王的财富、智慧和荣耀无可争议，称得上“溥天之下，莫非王土；率土之滨，莫非王臣”。他的帝国体制优越，举国上下无人与邻居拔刀相向。我将不再赘言，因为只言片语无法描

绘我的所见所闻，听者也可能会觉得不可思议。就连身处该王国的我听到一些传闻，都难以置信……

南宋皇帝极为慷慨，对中国人和外国人一视同仁。他资助建造了泉州的三座方济各会大教堂，并且每月向神父们提供“阿拉发”（alafa，阿拉伯语中“生活津贴”的传统说法），并收留中外各国说客、艺术家、贫民、勇士和杂耍艺人。安德鲁还写道：“这些薪俸的总额超过了好几个拉丁国家君主的收入。”

更让安德鲁感到惊讶的是，这座多元文化交融的城市有着和平开放包容的氛围。泉州作为一个多元文化和多种宗教的大熔炉，不仅拥有数座宏伟的天主教大教堂、多座小型教堂和 7 座清真寺，还有犹太教会堂、景教教堂、佛教寺庙、印度教寺庙、耆那教寺庙和摩尼教寺庙，几乎囊括了所有已知的宗教。然而，与其他国家不同，这些不同信仰的人们在泉州能够和平共处。当然，他们也别无选择，因为“泉州容纳了你们，你们之间也必须相互包容”。

西方人对中国仰慕已久。43 年，地理学家庞波尼乌斯·梅拉（Pomponius Mela）就曾赞誉中国人是“以诚信著称、以贸易闻名的民族”。但其实在梅拉生活的那个时代之前，中国的贸易就已经有悠久的历史了。

埃及考古学家在一具沉睡了 3800 年的木乃伊的发丝间发现了丝绸；在中国西部的古丝绸之路上，研究人员则通过 DNA 检测发现了 3800 年前的白种人木乃伊。

中国激发了全人类的无限遐想，阿拉伯人就曾用 China 一词来指代遥远富饶的土地。据说先知穆罕默德（Muhammed）也曾说过“知识，虽远在中国，亦当求之”，并派遣 4 名门徒前往中国。其中两位门徒来到刺桐城，而且这里被认为是《阿拉丁神灯》故事的灵感之源。

泉州：阿拉丁的故乡？

阿拉丁原版故事出版于 1710 年，故事的开头是这样的：

> 在遥远的中国，有一个富饶而繁华的省份，那里生活着一个名叫穆斯塔法（Mustapha）的穷裁缝和他的儿子——阿拉丁。

创作这个故事的叙利亚基督教说书人汉纳·迪亚卜（Hanna Diyab）显然未曾亲临中国，因为在他的故事中，中国统治者被称为苏丹而非皇帝，故事里也没有出现中国人的名字，也未见儒生、佛教徒或道教徒的踪迹。即便如此，迪亚卜还是选择把故事背景设在中国，可见在西方人心目中，中国这片土地在过去的 1000 多年里，始终是地球上最遥远、最富饶、最富传奇色彩的地方。如果迪亚卜对中国的了解更为深入，他就会将泉州——这座拥有 7 座清真寺的城市作为阿拉丁的故乡。

1492 年，哥伦布扬帆西行，随身携带了一本《马可·波罗游记》，并在书中画出了马可·波罗对繁荣富庶的泉州的生动描述。马可·波罗曾写道，在他离开中国刺桐港时，那里停泊的船只数量是西方大港的百倍之多。

18 世纪，中国的 GDP 占世界的三分之一。这个繁荣富裕的国家，引起了众多启蒙思想家的关注。他们纷纷敦促欧洲政府向中国学习。1764 年，伏尔泰写道：“无须盲目崇拜中国人的优点，但至少应认可中国确实是世界上前所未有的优秀国家。”

2014 年 3 月《哈佛商业评论》的一篇文章指出：“直到 19 世纪初，中国的经济都比欧洲更加开放，市场化程度更高。”

难怪阿拉丁被塑造成中国人，甚至还掀起一股将故事改编成影视剧的热潮。2000 年，在英国广播公司（BBC）和美国广播公司（ABC）发行的迷你系列剧《一千零一夜》中，阿拉丁的故事背景被设定在中国的清代。对于阿拉丁由美国华裔演员李截（Jason Scott Lee）扮演，公主由新加坡出生的小提琴家陈美（Vanessa Mae）出演，一些观众感到不满。有观众抱怨道："阿拉丁什么时候变成中国人了？"另一个观众回答说："大约 300 年前就是了！"

刺桐城的衰落

早在宋元时期，泉州就筑有三重城墙，其中最外围的城墙长达 16 公里，一直延伸到晋江，甚至将外国人的聚居区也纳入城墙内（外国人聚居区还有中国第一家专门招待外国人的酒店）。泉州府通判傅自得（1116—1183）曾对"老外"的大量涌入感到不满。他抱怨说："外国人不应该像现在这样居住在城墙之内。"事实证明，他的担忧并非没有道理。

蒙古人于 1276 年推翻了南宋王朝，并采取了一项特殊的举措来控制福建的汉人——让"老外"担任福建行省的长官。数以万计的色目人在世界范围内拥有广泛的关系网和影响力，仅与阿拉伯人一族的贸易收入就占据了中国对外贸易收入的 1/4。但地位显赫的色目人逐渐失去了理智。

在泉州亦思巴奚兵乱期间（1357—1366），当地两名波斯什叶派穆斯林赛甫丁和阿迷里丁率领一支以穆斯林为主的军队——亦思巴奚军发动叛乱，建立了独立的伊斯法罕国。1367 年，福州官府的军队平定了亦思巴奚叛军。次年，明朝崛起，接替了元朝的统治，并重新建立起对外联系，只不过这次是在汉人的严格控制下。中国的"辛巴达"从此开始广泛探索未知的世界。

郑和：中国的"辛巴达"

水师将领郑和（1371—1433）在西方并不广为人知，直到加文·孟席斯（Gavin Menzies）在其《1421：中国发现世界》一书中声称中国人比哥伦布更早发现美洲新大陆。事实上，中国"辛巴达"郑和的真实故事，远比孟席斯的小说精彩得多。

郑和先祖是布哈拉（Bukhara）（今乌兹别克斯坦城市）王族后裔，曾任云南平章政事，而云南是元朝势力抵抗明朝的最后堡垒。但在 1381 年明朝平定云南后，明朝征召并阉割了数千名云南青年，其中就包括年仅 10 岁的郑和。这对一个对未来有无限憧憬的少年来说，无疑是极其残酷的。

年轻时的郑和展现出了无限才华，他研究哲学，精通多门语言。在宫廷中，郑和表现出色，受到朱棣器重。朱棣在夺取皇位后，任命郑和为水师将领。

从 1405 年到 1433 年的 28 年间，郑和七次下西洋。他指挥的船队规模宏大，有时船只数量超过 300 艘。其中最大的船长约 140 米，而哥伦布的“圣玛丽亚”号（Santa Maria）仅 26 米长。郑和的船队中还有七桅粮船、水船、海盗作战船、巡逻船，以及专门运送马匹和修船材料的八桅“马船”。船员总数超过 30,000 人，其中大部分是血管里仿佛流淌着海水的福建人。

> 这是中国乃至世界历史上独一无二的庞大舰队。直到第一次世界大战期间，侵略舰队扬帆出海，船队规模才被打破纪录。与欧洲的舰队不同，这支中国舰队从未试图通过军事力量在大洋上建立殖民统治。总的来说，它的目标是与外国构建和平的外交和贸易关系。
>
> ——魏阳，2014

郑和船队跨越了西太平洋和印度洋的辽阔水域，曾造访马尔代夫、霍尔木兹海峡、亚丁港、埃及和麦加等地。随着郑和的离世，他那史诗般的航海征程画上了句号，但他绘制的航海图数百年后仍无人能出其右。郑和下西洋之旅，还推动了水密隔舱、平衡舵、特制龙骨和创新风帆等中国创新技术的广泛应用。对于这些技术，西方水手们直到今日才逐渐领略其精妙之处。关于中国在 2000 多年前就开始使用的水密隔舱技术，本杰明·富兰克林（Benjamin Franklin）在 1785 年给巴黎的阿方索·勒·罗伊（Alphonsus Le Roy）写的信中说道：

> 在讨论船只沉没的话题时，人们常常会想起中国人一项众所周知的发明：用隔板将大型船只的船舱分隔成多个独立的舱室，并用填缝剂进行密封。如此一来，即便其中一个舱室出现漏水，其他舱室也不会受到影响……这种做法并非我们首创。

郑和的大船虽已沉入历史的长河，但 1974 年，在泉州后渚港附近出土了一艘长 24.2 米、宽 9 米的宋代沉船的船体。这艘船如今陈列于开元寺旁的博物馆中，它有 13 个水密隔舱，这种设计在 15 世纪中叶以前的西方船只中是前所未见的。

刺桐城之谜——泉州与漳州之争

随着郑和海外探险活动画上句号，泉州港这一曾经繁华的大港也逐渐淤塞了。时光荏苒，到了 19 世纪，西方学者开始就泉州是否真的是马可·波罗笔下那座传奇的刺桐城展开了激烈的讨论。1888 年，英国驻福州领事费笠士（George Philipps）撰写了一篇论文，提出漳州才是真正的刺桐城。更有甚者，有人认为小巧玲珑的厦门岛才是刺桐城所在地。然而，整整一个世纪后，1991 年 2 月，联合国教科文组织代表团在考察了泉州的历史遗迹后宣布，泉州确实是马可·波罗所描述的刺桐港，也是海上丝绸之路的起点。

我还在静候泉州的大发现，期待阿拉丁神灯的魔法降临。

刺桐花开，繁荣再现

一千年前，刺桐城改变了世界。而如今，作为 21 世纪海上丝绸之路的关键节点，泉州在未来将更加耀眼。这座城市拥有近 900 万人口，正以其独特的文化和活力，在经济上引领着福建的发展。

自 1991 年至 2020 年，泉州的 GDP 一直居福建首位，在 2023 年竟突破了 1.2 万亿元大关。泉州以生产纺织品、服饰和鞋等闻名于世。被誉为“鞋都”的泉州晋江市拥有 3000 多家鞋厂，每年生产的运动休闲鞋高达 16 亿双，占全国产量的 80%，全球产量的 20%。此外，泉州的石材、陶瓷等产品的出口量也占据了中国石材、陶瓷出口总量的大份额。

令人惊叹的是，博物馆里还展示中国的四大发明之一指南针。中国人说指南针一端总是指向南方，另一端指向北方。既然中国人已经使用指南针超过 2000 年，我想还是他们说了算。

商朝（约前 1600—前 1046）的房屋朝向通常与磁北方向一致，以利风水。沈括（1031—1095）则区分了真北和磁北，并阐释了如何用钢针摩擦磁石制作浮动罗盘。

欧洲人直到 1190 年左右才开始使用指南针，但船长们对指南针的工作原理知之甚少，甚至禁止船员吃洋葱，担心影响指南针的“神力”。到了 15 世纪，欧洲人对指南针的掌握程度已经足够他们在四大洋上航行无阻。随后，他们又利用中国的另一项伟大发明——火药，征服了所到之处的每一个港口。

泉州：世界宗教博物馆

20 世纪 90 年代初，联合国教科文组织的一位官员曾赞誉泉州为“世界宗教博物馆”，因为泉州不仅是一个重要的商业中心，也是世界各大宗教文化的交汇点。在这里，你可以找到世界上最后一座摩尼教寺，以及中国现存最古老的伊斯兰教寺。

伊斯兰教圣墓

传说穆罕默德曾派 4 名门徒前来中国，其中两人在泉州定居，归真后葬于泉州东郊灵山。据说先贤埋葬在此山后，圣墓在夜晚会发出灵光，所以这座山被称为“灵山”，墓被称为“灵山至墓”。时至今日，穆斯林仍对灵山上的圣墓怀有崇敬之情。考古学家证实，灵山上那些由精美花岗岩制成的棺木、亭子和台阶确实可以追溯到唐代，这证明了泉州的穆斯林社区是中国最古老的穆斯林社区。

清净寺

清净寺建于 1009 年，仿照大马士革一座宏伟的清真寺的建筑风格而建，是古泉州 7 座供 4 万穆斯林礼拜的清真寺之一，也是中国十大名寺之一。尽管历经风雨变迁，清净寺依然是泉州唯一一座屹立不倒的清真寺。遗憾的是，寺内奉天坛上的大穹顶在 1607 年的地震中倒塌了，但 20 米高的拱形寺门和四面围墙依旧矗立着。泉州的穆斯林还在东面的场地上新建了一座美丽的清真寺。

在翻修清净寺的过程中，工人们发掘出许多墓碑和门楣碎片，其中包括 1312 年遇害的波斯首相之子的墓石。人们还发现了 150 多块穆斯林墓石，这些墓石在 14 世纪末和 15 世纪被用于整修城墙和城门。墓石上刻有阿拉

✡ 千年古寺：清净寺

伯文和中文，记录着来自中东各地的穆斯林的生平。如今，他们的后代数以万计，仅惠安县百崎回族乡就有 1 万多名郭姓阿拉伯后裔。

研究人员发现，在小小的蟳埔村，有 1000 多人是元朝一个阿拉伯官员的后裔，但许多人原本并不知晓自己有阿拉伯血统。他们操着一口闽南话，却有着独特的服饰和习俗。妇女将头发盘成圆髻，用筷子和簪花围加以装饰。

此外，晋江市陈埭镇也是重要的回族聚居区。陈埭镇村民据说是元朝穆斯林政治家赛典赤·赡思丁（曾担任云南行省平章政事）的后裔。陈埭镇的丁氏家族修了一座宗祠，致力于保护穆斯林文化遗产。

世界上最后一座摩尼教寺

世界上仅存的最后一座摩尼教寺——草庵寺建于 1148 年，坐落于泉州南部的华表山上，是为纪念波斯先知及摩尼教创始人摩尼（Mani，216—274）所建。

许多摩尼的追随者前往中国寻求宗教自由，其中一名门徒于 694 年抵达

泉州。唐武宗于 843 年禁佛，同时禁止各种外来宗教，摩尼教也在其列。摩尼教只能在民间秘密流传，并与本土的道教、佛教相融合，后改称“明教”。直到明朝时期，因教名犯国号，“明教”才彻底被禁。

草庵寺的尼姑向我介绍，寺内高达 1.9 米的圣像是摩尼，而非佛陀。我好奇地问她佛陀和摩尼的教义有何不同，她却回答：“这你得问问管事的人，但眼下我们这儿还没有。”

草庵寺经历了大规模的翻修与扩建。虽然摩尼教作为一种宗教已然消失，但事实证明，作为一种文化，它依然是学术论文和学术会议的热门话题。

在福建东北部的太姥山上，也有一座有着 1000 多年历史的石造摩尼宫，见证了摩尼教风靡一时的岁月，如今这里供奉的却是太姥娘娘。

印度教在泉州的遗迹

中国与印度富裕的泰米尔（Tamil）商会有着深厚的联系，宋元时期，泰米尔商人将印度教带到刺桐城，使印度教在刺桐城盛行一时。自 1933 年起，考古学家在泉州发现了 300 多件印度教建筑和雕塑的碎片，其中许多位于通淮门附近。这些发现表明，在泉州东南部至少曾存在一座印度教寺庙。即使是历史悠久的佛教寺庙开元寺（始建于 686 年），其花岗岩石柱上也装饰着印度教风格的雕刻。

泉州海外交通史博物馆收藏着众多印度教文物，其中一件文物引人注目，即一头大象向印度教湿婆神的林伽像献上莲花。开元寺内两侧的地标性建筑东西塔也深受印度教的影响。

✡ 开元寺

开元寺

我来到一座令人敬仰的城市，名为刺桐城……这座城市足有波洛尼亚的两倍之大，城内寺院林立……在其中一座寺院里……有三千名僧侣，供奉着一万一千尊神像。

——鄂多立克

开元寺始建于唐垂拱二年（686）。相传，僧侣们曾请求一个富人捐献土地以修建寺院，那个富人却说："只要地里的桑树在3天内开出莲花，我便捐地。"

令他惊愕的是，这棵桑树真的开出了莲花，他只好捐出土地。宋元时期，开元

✿ 开元寺樱花盛放

寺发展进入鼎盛时期，寺旁设支院120所，今占地面积近8万平方米。

那棵拥有1400年历史的桑树依然生机勃勃，只是现在被栅栏围了起来。虽然我已经去过那里数十次，却始终未能目睹它开出莲花的奇景。

开元寺的正殿由近百根石柱支撑，因此得名“百柱殿”。每根柱子都雕刻得精美绝伦，横梁上装饰着24尊飞天乐伎，宛如天使。

大殿后方的花岗岩石柱上装饰着印度教雕刻，据说是在几个世纪前的重建工程中，从其他建筑（可能是当地的一座印度教寺庙）中转移过来的。

东塔镇国塔高48.27米，西塔仁寿塔高45.06米，分别建于865年和916年。两塔最初以木材建造，后改为砖混结构，最后在13世纪改用石材建成。

东西塔的每一层有佛教人物浮雕16尊，两塔共有160尊，须弥座上则有40方佛传图，以及充满印度风情的图案等。这是因为负责重建的中国僧侣去世后，印度人接手了后续的工作。尽管小说《西游记》直到16世纪才成书，但东西塔上早已刻有“猴行者”的形象。这引发了一些人的猜想，即孙悟空的传说可能源自福建，但作者吴承恩更有可能是受到了印度史诗《罗摩衍那》中神猴哈奴曼故事的启发。

此外，开元寺还拥有一座藏有3700多卷经书的藏经阁，并设有佛教博物馆和海外交通史博物馆。

✡ 老君岩

老君岩

清源山被誉为道教圣地之一。从 7 世纪中叶起，道教炼丹师便开始在清源山寻求长生不老药，但他们一无所获，他们最终的归宿和其他人都一样，那就是死亡。

游客可以在此欣赏岩石、森林与山泉，以及中国最大的道教老君造像，这座道家学派创始人老子的石雕可追溯到宋代。传说，如果能摸到这尊高达 5.63 米的老君造像的鼻子，便能活到 120 岁。结果，太多人来摸，导致石雕的鼻子都快被摸平了，人们不得不用围栏将石雕保护起来。

泉州：桥梁之乡

> 中国的桥梁，堪称奇迹……桥墩上铺设的石块，既长又重。其中一块巨石长达 21 米、厚 1.5 米、宽 1.2 米、重约 107 吨。古往今来，人们百思不得其解：这些巨石究竟是如何被搬运至桥上的呢？
>
> ——毕腓力牧师，1912 年

福建山峦起伏，连绵不断，因缺乏平地，村落大多沿溪流分布，建造桥梁的需求格外迫切，福建人民也因此拥有非凡的造桥技艺。宋代时期，仅闽南地区就有至少 313 座桥梁，它们横跨河流、峡谷和海湾。到了今天，许多古老的桥梁历经千百年风霜，依然屹立不倒。居住在鼓浪屿的英国女士埃夫丽尔·麦肯锡·格里芙（Averil Mackenzie-Grieve）曾如此描绘：

> 对我而言，罗马竞技场仿佛一个空荡荡的马蜂窝，孤零零地矗立着，打着哈欠，生命的活力早已消逝……然而，穿过那宏伟的福建石桥，你会看到桥上人们熙熙攘攘，或沉思，或忙碌，或交谈，如同他们七百多年前的祖先一样。几个世纪以来，挑夫、轿夫、行人络绎不绝，生活的强劲潮流未曾减弱，未曾稀释，这种耐力如此坚韧又无处不在。

安平桥：世界上最长的古代石桥

泉州安平桥是中古时代世界上最长的梁式石桥，建于1138年至1151年间，全长2255米，至今仍是中国现存古代最长的石桥。人们不禁好奇，古人究竟是如何抬起重达25吨的花岗岩桥梁板的？当时，建桥是为了将内陆的陶瓷和铁器生产地与港口连接起来，以便将这些商品出口到世界各地。在以“舟桥水路”为主要交通方式的古代泉州，安平桥在促进商贸流通方面发挥着重要作用。

安平桥风采

洛阳桥：千年的工程奇迹

这座长 834 米的花岗岩桥梁建于 1053 年，坐落于泉州以北，是中国人运用智慧把生物学运用到桥梁建筑的创举。建桥时，人们巧妙地利用桥墩养殖牡蛎，因为它们会分泌出一种黏性超强的黏液，将石头紧密地粘在一起，最后将桥基和桥墩牢固地胶结成一个整体。这种牡蛎固基法至今仍令科学家们感到惊奇。桥墩也设计得很巧妙，是尖头船形，可以削弱海潮的冲击。

✿洛阳桥奇观

我们参观这座大桥，以及桥两侧为祈愿台风远离而建的雕像和宝塔时，只见十几名来自华侨大学的艺术系学生正在画风景画。然而，这一工事并未能阻挡日本人的侵略，他们盗走了宝塔中的月光石。据说，这块月光石在夜晚会发光，能为船只指引方向。

洛阳桥建成后历代均有重修，先后修缮和重建达17次之多。

走进丰泽区

泉州不仅是投资者的热土，也是国内外游客心驰神往的旅游胜地。我之所以这样说，是因为我曾历时数月穿梭于泉州的城市和乡村之间，但也只是了解了这座城市的冰山一角。每当有客人来访时，我总会先带他们参观泉州海外交通史博物馆。

泉州海外交通史博物馆

这是我最喜欢的中国博物馆之一，它提供展品的双语介绍，有助于参观者了解泉州在海事发展与探索、海外贸易中的重要作用。博物馆内的展品琳琅满目，包括从简陋的独木舟、藏族牛皮筏到古老的划桨战船等各种水上交通工具的模型。

微型立体布景描绘了福建乡村生活和造船技术，以及古代中国对外国侵略者的抗争。

馆内也收藏古老的宗教石刻精品，如伊斯兰教、印度教、摩尼教和基督教等的相关石刻。

✿泉州海外交通史博物馆

游览鲤城区

泉州府文庙

泉州府文庙始建于唐开元末年，但主体建筑直到 1137 年文庙重建时才完成。如今，文庙内设有文庙文物陈列馆，正中有孔子塑像，两旁有四配、十二哲画像；泉州古代教育展览馆，以大量翔实照片反映教育历史的遗迹；泉州历史名人纪念馆，陈列着众多栩栩如生的蜡像。

在文庙你还可以欣赏各种公益文艺演出，千万不要错过提线木偶戏。泉州作为中国著名的提线木偶之乡，以栩栩如生的木偶形象和古老的木偶艺术而久负盛名。我惊叹于工匠们如何将其貌不扬的樟树块雕刻成活灵活现的木偶。在大师的巧手下，一个个提线木偶比匹诺曹更具生命力，它们那纤细的小手指甚至能从地上捡起纸片。

为了不让这门神奇的技艺消亡，泉州正在寻找对木偶戏感兴趣的孩子们，让他们进入艺术小学接受专业的学习。

聚宝街：古代一站式购物天堂

城南的聚宝街在 1000 年前便享有“世界上最富有之街”的美誉。一位古代中国文士曾描绘，其繁华盛景与充盈的欢声笑语，足以令旁人沉醉其中。

聚宝街提供一站式购物服务，汇聚了来自百余国度的商贾，他们在此与中国人交易着宝石、金银、丝绸、香料、药材、瓷器、龟甲、犀牛角及珍珠等珍稀商品，中国人进口菲律宾的黄蜡、番布，高丽的人参、漆、铜器和布匹，日本的金子、水银、珠子和杉木；出口的物品更是琳琅满目，从备受人们喜爱的瓷器和茶，到绫罗绸缎、丝、米酒，乃至铁鼎和铁针，不胜枚举。无怪乎哥伦布也渴望找到一条通往刺桐城的捷径。

聚宝街如今已不复往日的喧嚣，宝石、黄金与犀牛角也不见了踪迹，我只看到人

✿泉州提线木偶戏

们在一位笑眯眯的老奶奶的摊前排起长队，只为品尝她精心烹制的美味烤肠。

夜色降临，整条街又焕发出勃勃生机，整座城市化作一个舞台，四季轮回，每个夜晚都上演着不同的精彩。树木、寺庙和亭台楼阁，都点缀着五彩斑斓的灯光。街角路口的舞台上，传统戏曲和现代音乐交织，时而还有木偶戏的精彩表演。年轻的街头艺人有的吹奏笛子，有的拉着二胡，还有的画炭笔素描，一张只收十几块钱。

来自中国西北部的回族人热情洋溢地向往来的人兜售干果和各式糖果，并鼓励大家尝试免费的样品——他们深知，一旦你尝过，定会欲罢不能。

一位摆摊的女士告诉我："我在这里一直营业到凌晨两点。"她一边说，一边快速地向摊位前排队等候的顾客分发烤鸡肉串。她乐此不疲，说："我喜欢和人打交道。"我买了两份，她却坚决不收钱。她笑着说："如果你喜欢，欢迎常来光顾。"我确实又去"光顾"了，而且不止一次。

元宵节期间的泉州街点最热闹。

每逢农历正月十五，泉州人便会在家门口挂起红灯笼，点燃檀香，共庆元宵佳节。同其他孩子一样，我儿子小的时候也喜欢提着灯笼上街游玩。这些灯笼色彩斑斓，大小形状各异，蕴含美好的祝愿，如鱼形灯笼，寓意好运连连。灯笼材质丰富，从经济实惠的塑料，到精美的丝绸、纱布、玻璃和牛角片，它们装饰着金边，绘有复杂的图案。

在泉州，新婚夫妇还会在元宵节前夜进行一个特别的庆祝仪式。新娘的父母会赠送新人一对红、白莲花灯，挂在婚床两侧。随后，他们点燃花灯。如果白色莲花灯先燃尽，就预示会生一个男孩。如果红色莲花灯先熄灭，则意味着将迎来一个女孩。

✿九日山石刻

走进南安

九日山：海上丝绸之路的起点

泉州最古老的佛教寺庙——始建于 288 年的延福寺坐落于九日山上。

九日山之所以得名，是因为从晋朝到宋朝的一千年间，每逢农历九月初九，泉州的中原贵族都会登临此山，北望故土，寄托对故园的深深思念，并为往来的中外船只举行一年一度的祈风仪式，祈愿航行平安。

九日山古迹遍布，随处可见摩崖石刻，宛如一座露天的古代书法博物馆，承载着五个朝代的墨迹精华。我的泉州友人曾感叹：“山中无石不刻字。”

九日山上还有英文碑文，联合国教科文组织的海上丝绸之路考察队曾在此考察记事碑和众多签名。

九日山的景点中，有一块石头上刻有“期冀”二字，寓意人们被九日山的魅力深深吸引，希望永远成为这座山的一部分。这种情感或许并非虚构，历史上高僧无等禅师曾在九日山的洞穴中修行44年，诗人秦系也在此隐居了23年，山顶上还建有纪念秦系的“秦君亭”。

望风石上刻有一副中国象棋棋盘，约300年时由一个来自印度的僧侣在岩石上雕刻的。然而，与持之以恒的中国人不同，这个印度僧侣只坚持了两年便放弃了雕刻，他或许是输掉了无数场象棋对局，从而失去了兴趣。其实他应该刻自己更熟悉的十字戏棋盘。

九日山山顶上的石佛亭，历史比清源山老君造像还要早300年。石佛的头颅曾遭到破坏，现在的水泥佛头是后来惠安工匠制作的。

✿艳丽恢宏的蔡氏古民居

南安蔡氏古民居

这座位于南安的宏伟闽南风格建筑，是我游览泉州时最喜爱的景点之一。从门楣到屋顶，每一处都精心装饰着闽南建筑特有的精美石雕、木雕和瓦雕。

和闽南地区的其他地方一样，这里的人们也热情地招呼我们“来喝茶”。值得一提的是，英语中的“tea（茶）”一词，就是从闽南话“茶”的发音“teh”演变而来的。品茗结束后，我们愉快地四处参观，随后一些当地人为我们即兴表演了音乐节目。

✿蔡氏古民居内部一景

崇武古城

崇武是中国少数几个仍保存着花岗岩古城墙的城镇之一，这里到台湾台中港的距离和到厦门的距离差不多。当地人开玩笑说，两边离得很近，刚从蒸屉上取下的热馒头经过两个小时的横渡，抵达台湾时还是热乎的。而在 30 年前，从台湾乘船前往崇武，或许比从厦门乘车前往崇武更为舒适。

曾经，当地人习惯把从福厦路通往崇武的最后 20 公里土路称为“流产路”，因为这段坑坑洼洼的路很可能导致孕妇流产。过去，这段路确实崎岖不平，有一次我搭乘巴士，一路上下颠簸，好几次头撞上车顶——要知道我的头离车顶足足有 61 厘米！如今，从厦门或福建其他地方开车到崇武都顺畅无比。但即使是在那些路面颠簸的日子里，崇武也依然是我们一家人最喜爱去的地方。

崇武古城建于 1387 年，全长 2.5 公里、高 7 米、宽约 5 米。漫步其上，可以欣赏到古城内的石屋，以及错落有致的人字形小巷。城墙外是一座生机勃勃的新城，而城墙内的崇武古镇却更吸引人。让我感到意外的是，许多中国游客似乎仅仅满足于在城门前拍几张照片，随即匆匆离去，或许是因为出城比入城更难。

小镇的街道如迷宫般错综复杂，让人忍不住想要在大门上系一根绳子，缠在腰上，把自己一圈圈卷回城门上。好在古城很小，而且完全被城墙围住，因此只要沿着同一个方向不断前行，总能找到一扇城门，登上城墙，即可确定方位。

探索古城最便捷的路线是从西华南街大门进入，这条狭窄街道的起点，矗立着一座始建于 1886 年的新教教堂。我第一次见它是在 20 世纪 90 年代初，彼时教堂长椅还是用劈开的原木制成的。如今，这座教堂已成为一个包含多座建筑物的综合体。

踏入古城大门，左边是陈氏宗祠，石雕精致，木板厚重，庭院古色古香。陈家人目不转睛地看着我们这些老外，热情地邀请我们进屋，仿佛我们是久别重逢的老友，而不是手持相机的游客。中国人的热情好客总让我赞叹不已，他们心胸宽广，包容万物，家家户户的大门总是敞开着，迎接来自五湖四海的客人。

崇武古城

两位老奶奶用闽南话滔滔不绝地和我聊天。虽然我十句话里听不懂一句，但她们依然侃侃而谈，也许是觉得我最终总能弄明白吧。

其中一位老奶奶的儿子在一大锅面团前辛勤劳作，他正在做著名的崇武鱼卷，这是陈氏家族世代相传的手艺。我们买了半公斤，回家后切片、油炸，大快朵颐。

除了偶尔飞驰而过的摩托车，狭窄的石板路在午休时分显得分外宁静。我们在T字形路口的寺庙向右转，悠闲地漫步，看到几十只瘦骨嶙峋的猫咪，听到此起彼伏的鸡鸭叫声，还瞧见一个穿着睡衣、正在编织渔网的妇女。小路的尽头，是一座铺着彩瓦的寺庙，正对着古城通向海滨的大门。

站在城墙顶端的灯塔处，视野无比开阔，可以远眺密集的雕像、古城全貌和绵延

崇武古城的建筑遗存

数公里的海滩。这片海滩像极了德鲁伊的金色镰刀，一直延伸至天际。看到老奶奶们在架子上晾晒刚捕获的鱿鱼时，我很想拍下她们的身影，但我犹豫了，生怕会偷走她们珍贵的时光。

生活在这里的惠安女看起来像少数民族，实际上却是汉族，她们身着独特的服饰，被形象地称为“封建头、民主肚”，因为她们用头巾和竹笠遮住头部的同时，却袒露着肚脐。我的导游黄女士解释道，她们袒露肚脐是因为闽南话中的“dozai”（肚脐）与普通话中的“发财”发音相似。

黄女士每天早上都要花半小时精心打理头发和服饰。惠安女的上衣是深邃的蓝色，宛如大海与天空交融的颜色，紧身而短巧，这样她们在海上弯腰劳作时不会被海浪打湿衣裳。头上的竹笠泛着黄色的光泽，让人联想到惠安那绵延数里的细腻沙滩。宽大的黑色裤子宛如一张渔网，上面的褶皱就像起伏的波浪。

黄女士解释说："围巾是白色的，像云朵一样。"虽然她自己的围巾是花色的。"它不仅能让我的脸庞免受风吹日晒，还能让我的圆润脸蛋显得更加修长动人。"她接着说，惠安女人均拥有 120 多条围巾，年长的惠安女可能有 300 多条，这是她们重拾青春的密钥。我还观察到，年岁较大的惠安女总是躲避照相，因为她们认为拍照会让人折寿。

惠安女的腰带是表明她们婚姻状态的标志。未婚女子会佩戴绣花布腰带，结婚后会在布腰带上系上一条银腰带，重量从 0.7 公斤到 3 公斤不等。这份"彩礼"是丈夫给妻子未来生活的保障。如果丈夫离她而去，她至少能得到丈夫的部分身家——就在腰上挂着呢。

惠安女身着优雅的服饰，看似柔弱，实则坚韧不拔。记得早些年，我常在建筑工地上看到她们拖着一筐筐石子或沙子，步伐从容，而我连提起都感到吃力，更别提搬运了。

来崇武古城，一定要看看惠安的石雕。惠安闻名遐迩的石雕工艺可追溯至 304 年，这一时间点也可在涂岭镇晋安郡王林禄的墓碑上得到佐证。人们认为林氏从中原迁徙而来时，带来了技艺精湛的石雕工匠。这些工匠的后代至今仍传承着这门手艺，他们擅长雕刻各式各样的作品，从神像到大小雕饰品等，无所不包。

崇武古城南侧滨海的崇武石雕工艺博览园，收藏有 500 尊石雕，堪称石雕艺术之林，展现了惠安石雕艺术的魅力。这些石雕作品涵盖梁山一百单八将、象征好运的黑牛，以及小说《红楼梦》中的人物形象。《二十四孝》石雕则是儒家孝道的缩影。例如，在《恣蚊饱血》的故事中，年仅 8 岁的吴猛为了让父母免受蚊子叮咬，不惜赤裸上身，让蚊子咬吸自己的血。一位中国人曾问我："你会这么做吗？"

“不，”我说，“我会给他们买一顶蚊帐。”

石雕园里两只巨大的石猫描绘了邓小平的经典名言：“不管黑猫白猫，能捉老鼠就是好猫。”

这些雕刻与大海、沙滩、古城浑然一体，巧夺天工。

惠安影雕有“中华一绝”之称，是惠安石雕的形式之一。惠安的影雕师们以非凡的技艺，操纵着沉甸甸的青铜笔，一点一点地凿出照片般逼真的图像。他们的作品从百元大钞到蒙娜丽莎，再到科比·布莱恩特，包罗万象。如果你提供一张全家福照片，只需两天时间，便能获得一件精心雕刻的影雕肖像，还能选择邮寄到家。

我问一个女孩，整天敲敲打打的影雕工作是否很乏味。她回答：“不会，我反倒觉得有趣。”

解放军烈士庙

崇武独一无二的解放军烈士庙里播放的不是佛经，而是激昂的革命歌曲，因为这里供奉的并非佛祖，而是27位身着军装的微型解放军战士塑像，他们手持各式装备——手枪、步枪和医药箱，四周陈列着坦克、战舰、直升机、警车和消防车的模型。

供桌上插着香，供奉着饮料、饼干、酒、干果和鲜花等。

我向庙宇的创始人曾恨女士询问她建立这座庙宇的初衷。她抱着我，就像拥抱失散多年的孩子，热泪盈眶地讲述起她的故事。

曾恨女士在12岁时从新加坡搬到了崇武。第二年，即1949年的9月17日，她在海滩上漫步时，台湾方面发起了空袭。为了救这位少女及其他群众，27名解放军战士英勇牺牲。从那时起，她便开始烧香供奉，以表达自己深深的感激和崇高的敬意。1993年曾恨倾其积蓄，带动群众踊跃捐款，建造了这座庙宇，之后社会各界捐资，陆续建成烈士纪念馆、纪念碑、纪念亭等。

走进永春

永春县：白鹤拳之乡

泉州是南少林武术的发祥地，而泉州永春则是白鹤拳的诞生之所。白鹤拳起源于清朝初年，由方七娘所创。她是少林拳师方种的独生女，七娘出生后不久，母亲就因病去世。有一天，七娘在五梅山观音寺织布时，一只白鹤翩然飞落至她身旁。她本想用棍子驱赶白鹤，却见白鹤灵巧躲闪，轻盈地扇动翅膀，这让她惊叹不已。久而久之，她将白鹤的动作融入父亲传授的拳法之中。几经推敲，揣摩演化，她创造了独具一格的白鹤拳。白鹤拳特别适合女性练习，因为它注重闪避技巧，借助刚柔并济的拳法和关节锁来攻击对手的弱点，而不是单纯依赖蛮力。如今，永春白鹤拳已经传播到 100 多个国家和地区，并衍生出宿鹤、鸣鹤、食鹤和飞鹤等拳种。在台湾，舞鹤、摇鹤和喂鹤等招式尤其受欢迎。

我觉得自己可能更擅长“逃鹤”这一招。

永春特产

在永春的地方特产中，最为人津津乐道的当属永春老醋。作为“中国四大名醋”之一，它承载了千年的历史，选用糯米、芝麻和其他上等原材料，经精制陈酿三年以上而成。据说永春老醋不仅是一种上好的调味品，还可入药，开脾健胃。有些老醋口感醇厚、酸劲十足，生活有了它，更加有滋有味。因为常吃醋，中国人还用“吃醋”一词表示嫉妒。

永春漆篮也很有名，传承至今已有 500 年历史，制作工艺繁杂，需选用 20 多种材料，历经 30 多道工序制成。

风味独特的永春佛手茶是福建乌龙茶中的名品，产自海拔 600 米至 900 米的高山之间。

春节期间，象征着吉祥如意的永春芦柑备受青睐。据说它们也有多种药用价值，有生津止渴、健脾开胃、改善便秘、降低胆固醇等功效。

走进德化

德化瓷器——揭秘欧洲濒临破产的背后故事

这种瓷器在那里的售价与我国常见的陶器持平，有时甚至更为低廉。它不仅远销至印度等地，甚至跨越重洋，抵达西方各国。在众多陶器中，它有着最精美的工艺。

——伊本·白图泰

两千年前，罗马人因过度迷恋丝绸，大量购买中国丝绸，造成与中国的贸易严重失衡，以至古罗马帝国曾试图限制这种贸易，尽管他们口口声声宣称此举是基于道德考量，而非经济因素。

老普林尼（Pliny the Elder）认为古罗马帝国与印度、阿拉伯和中国之间的贸易，“每年总计耗尽罗马帝国一亿塞斯特斯，这是为奢侈品和女性所付出的昂贵代价”。

几百年后，西方世界又开始对中国的瓷器和茶叶产生浓厚的兴趣。

当我的欧洲祖先们还在用手直接抓取木板上或泥碗中的食物时，中国人已经用上了筷子和瓷碗，它们做工考究，仿佛来自另一个星球或未来时代的产物。这些瓷器有的薄如蛋壳，在阳光下呈

✿德化白瓷

半透明状，轻轻敲击，便发出清脆如铃的响声。伊本·白图泰曾写道："中国瓷器的价格与西方的廉价陶器相差无几。"

在欧洲，瓷器的价值曾一度超越黄金，一些欧洲君主为了揭开瓷器制作的奥秘，险些导致国库亏空。他们对瓷器的狂热催生了完整的企业间谍和反间谍产业。有些人猜测，制作瓷器的秘密在于使用埋藏在地底下百年之久的特殊泥土。有些人则声称，真正的秘方是蛋壳或龙虾壳。最后，在投入了相当于今天数十亿美元的研究经费，牺牲了无数人的生命之后，他们终于揭开了谜底，那就是高岭土。

今天，你可以在泉州德化县一窥 500 年前足以比肩今日埃隆·马斯克（Elon Musk）的财富密码。德化是中国古代两大瓷器中心之一，窑址遍布全县。

德化白瓷在欧洲和亚洲都备受推崇。1949 年以来，考古学家陆续在德化发现了 180 多座古瓷窑，其历史可追溯到宋代至百年前的清代。其中，屈斗宫古窑址拥有 17 个窑室，宛如一条古老的喷火龙盘踞在山坡上，因此得名"龙窑"。考古学家在这 17 个窑室中发掘出 6700 多件宋元时期的文物。

为了详细了解德化白瓷的历史和制作工艺，我还参观了规模宏大的顺美海丝陶瓷历史博物馆。参观结束后，我们观赏了德化销往世界各地的各种陶瓷、树脂和纸质工艺品。然后，我们还学习如何在陶轮上制作陶瓷。这项工艺远比想象中复杂，让我对陶艺家有了更深的敬意。待我们制作的陶瓷烧制完成后，这里的工作人员会将成品邮寄给我们。

最后一站当然是逛陶瓷商店了。我们愉快地逛了一圈，以优惠的价格购得了一些精美的瓷器。

德化自然风光

在揭开德化白瓷的神秘面纱后，我们又领略了德化的自然风光。

戴云山　戴云山被誉为"闽中屋脊"，海拔高达 1856 米，是省级自然保护区。夏日炎炎，漫步其间，令人心旷神怡。景区不仅有珍稀的动植物，还有建于 908 年的戴云寺。

✿九仙山通天阁

九仙山　九仙山为戴云山脉的一部分，因传说张果老与其他八位神仙曾在此聚会而得名。山中奇石异洞不胜枚举，蛇岳洞、九十九洞、齐云洞等大大小小的洞错落山中，还有几十处书法碑刻。这些碑刻背后蕴藏着丰富的故事，多得需要自己也成为仙人才能听完。

灵鹫岩寺　灵鹫岩寺坐落于九仙山西北部。这里云雾缭绕，景色瞬息万变。游客总能在这里找到 12 个怪石奇洞，它们有着动听的名字，比如灵鹫岩。

石牛山　石牛山海拔 178 米，是一个圆形火山盆地，以拥有“奇妙多姿的石洞”而闻名。不过，并非所有石洞都是天然形成的。例如，狮岩石壶洞是南宋时期人工开凿而成的。这里的热门景点包括明代的石壶寺和岱仙瀑布。岱仙瀑布飞流直下，汇入一条长 30 公里、蜿蜒曲折的小溪。乘坐竹筏沿溪漂流，无疑是欣赏这片旖旎风光的最佳方式。

安溪：中国乌龙茶的故乡

喝茶，还是吃茶?

安溪县的乌龙茶在欧洲曾一度被视为珍品，只有皇室成员才能品尝。中国人爱茶，在他们眼中，茶不单单是一种饮品，还是保护眼睛、美容养颜的良药。

若想开启一段茶乡之旅，你自然可以去大型安溪茶厂，但我更推荐你找当地人带领参观用古法和自制机器制茶的小型作坊。参观结束后，主人总会拿出传统的闽南陶土茶具，用自家制作的茶叶泡上一壶香茗，请你品尝。

中国人对外国人在茶里加入奶油和糖的做法感到惊讶，然而在古代，中国人饮茶时不仅会加入奶油和糖，还会放入大米、胡椒、生姜、盐、橘皮、香料，甚至是洋葱等多种配料。幸运的是，或许是现在茶的口感更好，又或者是人们的口味变了，如今大多数中国人泡茶时只加入纯净水。尽管如此，藏族人依旧在茶中加入味道浓郁的酥油，而一些福建人仍会加入生姜和大米制作美味擂茶，而这样的茶称得上是一种主食。

走进蓬莱仙境

泉州安溪有一个著名的蓬莱镇，这里还有一座蓬莱山，山上有一座清水岩寺。清水岩寺被誉为中国风景最秀丽的寺庙之一。这座拥有千年历史的三层建筑群坐落在蓬莱山腰的茂密森林中，宛如山间的布达拉宫。清水岩寺是海峡两岸佛教徒的重要朝圣地，香火遍及世界各地。

寺内有一棵参天古樟，粗壮的树干需要六七人手拉手才能合抱。这棵古樟名为“枝枝朝北”，相传南宋忠良将军岳飞被奸臣陷害身亡时，此树所有枝叶向北伸展，以示哀悼。

同样位于蓬莱镇的九峰岩，也是一个神奇的地方：峰峦叠嶂，云蒸雾绕，竹林密布，香樟茂盛，山谷中村庄若隐若现。如果世上有神仙，想必他们就隐居在这九峰岩吧。

但中国人更钟爱山上的书法碑刻，特别是明代书法家张瑞图的手书对联：“乔木千枝原为一本，长江万派总是同源。”这副对联十分贴切，因为蓬莱镇是许多华侨追根溯源之地，不少人在异乡漂泊多年之后，回到故土，重建家园。

安溪的脱贫故事

安溪是几百万华侨的祖籍地，近四分之一安溪居民有亲戚身在海外或曾在海外生活。安溪人走出国门谋生，有不得已的原因。尽管安溪自然资源丰富，但地理位置偏远，曾是福建第二大贫困县。20 世纪 90 年代初，我第一次驾车从厦门前往安溪，耗时 5 个小时。那时的茶农贫困至极，连自家种植的茶叶都舍不得喝。他们卖掉每一片珍贵的茶叶，自己却喝着用山间草药炮制的粗茶淡饮。

“要致富，先修路。”安溪新建了许多公路，其中不少得益于当地华侨的慷慨捐建。这些公路建成后，大大缩短了通往外地市场的车程，有的路程耗时从原来的 8 个小时缩减至 2 个小时，大大便利安溪的食用菌运销外地。安溪的食用菌种植产业迅速发展，因为这些产业不需要大量的初期投资和漫长的培育期，是极佳的创收来源。经福建省农业科学院派出的专家改善农业和畜牧业的生产方式后，我在安溪龙门镇的朋友在短短 4 年内收入增长了 160%。

安溪的脱贫战略包括向贫困乡村提供资金和技术支持，以及加大对偏远山区在政策上的倾斜力度。由专家和大学生志愿者组成的扶贫团队帮助贫困地区创办企业、建立蘑菇农场、改造现有企业、改善采矿作业、提升茶叶产量、防治水土流失、发展渔业、解决交通问题等，并积极开拓福建乃至全国市场。

如今，安溪农民已经脱掉贫困的帽子，享用得起自己种的茶。

✿安溪茶乡云海

MIN RIVER

第三章

漳州
八闽富庶之地

漳州……是我在中国见过的最美丽的城市之一。

——约翰·麦高文牧师（Rev. John Macgowan），1895 年

漳州是台湾三分之一居民的祖籍地，坐落于厦门以西 40 公里的九龙江畔。传说，古人曾看到九条龙在江中嬉戏，九龙江因此得名。作为福建第二大河流，九龙江帮助福建这片最大的平原抵御干旱的威胁。得益于九龙江的孕育，漳州成为“八闽富庶之地”。

早在一万年前就有先民在这片沃土上繁衍生息，漳州 686 年设州治，后改称漳州郡、漳州府等。时至今日，漳州不仅居住着汉族人，还生活着畲族、回族、高山族等 47 个民族的人们。

漳州——古刺桐城?

漳州历来有着广泛的对外贸易活动，19 世纪的一些西方学者甚至认为，古刺桐城并非泉州，而是漳州。在漳州生活多年的方济各会修士鄂多立克（Odorico da Pordenone，1265—1331）认为，漳州是一座繁荣的城市，足有意大利波洛尼亚的两倍大。当然，19 世纪的西方人未能预见到 20 世纪考古发掘的成果，这些成果证明泉州才是刺桐城。在漳州的考古发掘中，也出土了大量外国文物，足以佐证鄂多立克的赞誉并非空穴来风。

> 中世纪的漳州便以丝绸制造闻名遐迩。这里的织机织出的纱布、绸缎和天鹅绒等产品精美绝伦，据说连苏州和杭州也难以望其项背。
>
> ——费笠士（George Phillips），1890 年

直至 19 世纪，漳州依然以巍峨的城墙和城门、宏伟的拱门、繁茂的树木，以及精美的丝绸著称于世。1889 年，麦高文曾如此描绘漳州：

> 中国人对花草树木情有独钟，因此家家户户都在院子里种上了树……漳州人骄傲而自信，他们繁荣富裕……自豪于能生产出精美的丝绸和绸缎。他们的织机名声远扬，设计独特而精美。

那长达 7.2 公里的巍峨城墙和巨大的拱门现已基本消失在历史的尘埃之中，但漳州 500 多万居民在众多领域取得的辉煌成就，仍使这座古老的城市熠熠生辉。

✡ 漳州古城

百花村

漳州人自古以来“对花草树木情有独钟”。传说大约500年前，著名理学家朱熹的后裔朱仁贵，为躲避政治迫害逃至漳州圆山东麓，他发现此处山清水秀，风景宜人，于是在这里居住下来。一天夜晚，他醉意朦胧，沉睡之际梦见花仙子从天际飘然而至。她们一边翩翩起舞，一边吟唱道：“种花长福，赏花长寿。”梦醒后，他将这个地方命名为“长福村”。他的后裔代代种花卖花，培育了数千种花。其中最负盛名的非水仙花莫属。其独特的栽培秘方已被代代相传，守护了数百年。长福村也成为远近闻名的“百花村”。

布袋木偶：身手敏捷的小人

纵观世界各地，从来不乏神奇小人的传说，但在漳州，神奇小人却是真实存在的。这些平均身高40厘米的小家伙，便是漳州著名的布袋木偶。

最初，我更偏爱诸如匹诺曹或孙悟空之类的木偶，总觉得布袋木偶不过是孩童的玩物，但我错了。在大师巧手的操纵下，它们仿佛活过来似的，身手敏捷。我看过非常生动的木偶戏表演，只见一个布袋木偶叼着长长的烟斗，嘴里吞云吐雾；另一个布袋木偶则稳健地将茶水从大杯倒入小杯。它们居然还会表演杂技——先将旋转的盘子抛向空中，再用两根细杆稳稳接住，或是在头上抛掷或翻转小木桶，两个布袋木偶甚至彼此来回抛掷飞盘。

漳州布袋木偶的表演让人看得如痴如醉。后来我偷偷溜到幕后，想亲

漳州布袋木偶

眼瞧瞧这些惟妙惟肖的布袋木偶到底是不是活的小人。一个旁观者打趣道：“他太激动了，因为在美国可看不到这样的木偶。”

可我想说的是，美国也有木偶，只是美国的木偶师没有让木偶活过来的魔力。

来漳州游玩，我最喜爱的景点包括拥有800年历史的虎渡桥、菲律宾前总统科拉松·阿基诺（Corazon Aquino）的祖居地鸿渐村、南宋末年皇族后裔隐居处赵家堡、漳州滨海火山国家地质公园、东山岛等。

走进南靖

虎伯寮国家级自然保护区

虎伯寮国家级自然保护区，位于漳州市南靖县境内南部和北部，前身是南靖乐土南亚热带雨林自然保护区，根据世界林业大会的认定，这个占地超过 3000 公顷、年平均降雨量 2000 毫米的独特保护区，是世界上“珍贵稀有的亚热带雨林”，穿山甲等珍稀动物广泛栖息于此。这里还孕育着 1000 多种植物，其中包括 300 多种珍稀药草。

走进漳浦

漳州滨海火山国家地质公园

漳州滨海火山国家地质公园位于漳州市漳浦县、龙海区的滨海地带，总面积近 320 平方公里，是由距今 2600 万年至 700 万年间火山喷发的玄武岩构成的火山地质地貌景观。在公园内可观赏到火山口、喷气口、气孔柱群、气势磅礴如秦兵马俑的柱状节理群、海蚀蘑菇石等，以及数十个沙粒洁白、平坦宽阔的沙滩。

在漳州滨海火山地质公园附近有一座山叫南太武山，山顶上有一个巨大的脚印，传说是仙人留下的。山下有

✿ 漳州滨海火山国家地质公园

一座我非常喜欢的古色古香的小村庄——古城村，村里的房子有古雅的木门、别致的燕尾脊和闽南风格的屋顶。

在这样一个小村庄里，竟坐落着一座规模宏大的天主教堂。这座教堂建于1877年，后在1999年进行了翻修。有一次，当我驻足拍照时，几位老奶奶还邀请我进去喝茶和参观。

火山口附近的白沙滩上，细软的沙子犹如湿漉漉的丝绸从我们脚趾间流过。不远处海浪翻滚，势头强劲，足以将我们的冲浪板冲回沙滩上。当地渔民乘坐着古朴的小船，船身涂有鲜艳的红、绿、黄、蓝四色，船头还画着一双眼睛，仿佛能洞察一切。当我

们玩水时，一个渔民担心我年幼的儿子们进入深水区，便把船停在我们附近。我问他为什么一辈子都在水上生活的渔民却不会游泳，他回答说：“有了船，何必游泳呢？”

我们在沙滩上玩时，一个12岁的孩子彬彬有礼地缠着我们，要我们买他的商品。于是，我买了三罐被太阳晒得温热的健力宝汽水，还给他拍了一张照片。照片中的他头戴一顶草帽，拿着自家商品，无比自豪。随后，他又向我们兜售热西瓜，出租雨伞，还推荐了可以看电视和唱卡拉OK的餐厅，以及当晚要住的酒店。

在被这个小商人成功掏空口袋后，我们便开启了火山探索之旅。我被一大片形态各异的黑色玄武岩晶体吸引，这些晶体诞生于地底深处，伴随着火山爆发而被喷射至地表。

东山岛

我曾多次驾车带领众多毕业生游览福建省的第二大岛屿——东山岛。

沿途我们路过目前世界上最大的茶叶博物馆——天福茶博物院。这个占地 5.2 公顷的建筑群有四大主馆：主展馆、茶道教室、日本茶道馆、书画院。我尤其喜欢那里的花圃、飞鸟，还有锦鲤池。

中国人不仅是世界上厨艺最精湛的民族，也是最会鉴赏美食的老饕。到东山岛少不了要品尝当地的海鲜，所以我们的东山岛之旅自然是从一家海鲜餐馆开始的。我的学生们热烈地讨论着各种海鲜的优劣：有一个同学认为，六条腿的章鱼比八条腿的章鱼更美味；另一个同学则觉得公蟹的风味远胜于母蟹，但品尝的时节仅限于冬季。

我们在东山岛的海滩上散步，看到海滩上零星散布着线香，插在由稻草和绿植堆叠成的小山丘上。这些是人们敬奉神明的供品，以此祈求出海平安与渔获丰收。

三名男子正在为一艘用木头和泡沫塑料制成的船只焊接铁架，另一名男子则在往竹架上的苗绳夹上海带苗。一群身着五彩斑斓服装的姑娘将沉重的铁架堆叠在一起，再合力搬到等在近海处的一艘小船上。

东山岛

就在离海滩不远处，有一家小型海带加工公司。虽然这家公司只有两间小土屋和一台用来甩干海带的古旧洗衣机，但生产的海带产品销至整个闽南地区。

东山岛的第一大景点是铜山古城。沿着古城墙顶端的石阶往下走，便是崎岖嶙峋的海岸，学生们钻进一个据说曾经是老虎巢穴的山洞里，喝了甘甜的泉水，这就是著名的“虎崆滴玉”。

在学生们尽情享受了这“老虎的口水”（毕竟，老虎嘴里还能滴出什么呢？）之后，我们登上古城墙，进入了一个庭院，目之所及都是各式花草、灌木和形态奇特的伞形树。随后，我的学生们玩起了拼手气游戏。

他们从装有100根编了号的木棍的罐子里任意抽取一根，将其与纸条上对应编号的100个故事进行配对。其中一个学生抽到了一个神话故事：玉帝因为仙女下嫁凡人而怒不可遏，将仙女囚禁于山中，仙女的孩子在逆境中成长，长大后盗取神斧，劈开山门，成功解救了母亲。这个故事的寓意是“坚持不懈，定能成功”。

风动石被誉为“天下第一奇石”，是东山岛的标志性景观。据说，大风吹来时，石头会左右晃动，但倾斜到一定角度就不动了，所以叫风动石，它大约重200吨，所以人力也能晃动它。但我们平躺下来，合力用双脚推它，它却依旧纹丝不动。据说，1908年有几个身材魁梧的德国水手曾将厦门的一块巨石从山上搬运而下，若有他们

✿“天下第一奇石”风动石

前来助阵，或许我们能成功让风动石“摇曳生姿”。

我们还参观了东山岛的另一处景点——寡妇村展览馆。这座发人深省的展览馆位于东山县铜砵村，是为了纪念东山数千名妇女而建，她们的丈夫在蒋介石军队逃往台湾途中不幸被“抓壮丁”。一些村庄的男性人口几乎因此消失殆尽。被带往台湾的男人们大多能找到新的伴侣，但他们的妻子大多数仍留在东山岛上，孤独终老。一些妇女向我倾诉了她们的心酸往事。

几十年过后，一些人回到了东山岛，许多人带着他们在异乡再娶的妻子和孩子，回来探望曾经的至亲。有一个妇女，当年丈夫被抓走时

只有26岁，丈夫回来时她已66岁高龄。她说："他甚至没有认出我来。"

但并非所有与妻子离散的男子都选择了再婚。倪青青（Ching-Ching Ni）在《洛杉矶时报》（Los Angeles Times）上发表过一篇名为《解放战争之后："寡妇"的心酸往事》（*China's Civil War: "Widows" Have Haunting Tales to Tell*）的文章，文中写道：

> 现年89岁的黄先生回忆道，在台湾，作为退伍军人的他，社会地位、金钱或家庭关系均无从谈起。黄先生在税务局谋得一份盖章的差事，独自度过了漫长的岁月。他终于有机会返回故土时，已是77岁高龄，且听力严重衰退。与妻子重逢的那一刻，他心潮翻涌，激动得双膝跪地。
>
> …………
>
> 81岁的孙老是少数几个从台湾回到大陆的乡亲之一。他至今仍清晰记得，50多年前，海滩旁站满了妇女和儿童，她们大声哭喊着为男人们送行。而男人们除了劝慰他们的亲人回家，别无他法。
>
> …………
>
> 一个老兵的右眼在台湾服役时被炸弹碎片击中，从而失去了视力。"我不了解国家大事和国际事务，"这个老兵说，"我只渴望和平，战争只会给普通老百姓增添痛苦。"

魅力长泰

我们一家曾带领 100 多名外国人，乘坐两辆大巴到长泰过周末。到长泰后，他们被眼前的景象深深吸引：在那郁郁葱葱的山谷间，清澈碧绿的马洋溪从一块块千姿百态的奇石上喧嚣而过，激起层层浪花。

长泰被誉为中国的“皮划艇之都”，曾成功举办过中国首届国际皮划艇激流回旋邀请赛、首届中国皮划艇激流选拔赛和第九届全国皮划艇田径锦标赛，它还是德国、美国、英国、巴西、日本、印度尼西亚、泰国、俄罗斯、伯利兹和法国等多支皮划艇国家队的实训基地。

被誉为“厦门后花园”的长泰，空气清新。游客可以在此尽情呼吸新鲜空气，感受大自然的美好。然而，30 年前我初次踏足长泰时，这里远没有如今这般迷人。

20 世纪 90 年代初，马洋溪还是一条乌黑污浊的河流，臭气熏天，与厦门筼筜湖修复前的状况不相上下。幸运的是，长泰以厦门为榜样，关闭了污染最严重的工厂，并对其他工厂实施严格的管控措施，还限制了利润丰厚的采石活动，因为这些活动破坏了风景如画的山区——那里保存着历代诗人、艺术家和哲学家（包括南宋著名理学家朱熹）的书法碑刻。当时主政的官员向我坦言：“在我们已经捉襟见肘时，再勒紧裤腰带谈何容易。毕竟，我们还得吃饭。但只要我们掌握好节奏，坚持不懈，就能迎来转机。如今，我们已经顺利完成了产业绿色转型。”

循环再生的长泰农业

我最欣赏的长泰绿色产业案例，当属循环再生的乳制品产业。奶牛场里 3 万头奶牛产生的废料得到回收利用：牛尿转化为沼气，为烹饪和照明提供能源；牛粪则为蓬勃发展的水果和蘑菇产业提供肥料。

昔日的贫困县长泰，不仅成为福建省 3 个获评“国家生态县”的示范县之一，更是成了全国美丽乡村标准化建设试点县。中国许多地方都自称“花园城市”，而长泰

✿马洋溪生态旅游区

却匠心独运，打造了一个“花园乡村”。

这里的绿化不但盈利丰厚，而且持续可行。在福建省，唯有长泰连续12年荣获县域经济发展“十佳县”的殊荣。长泰迎来了繁荣，是与自然和谐共生的繁荣。无怪乎众多热衷于从环保产业中觅得商机的公司纷纷将目光投向长泰，争相在此投资，尤其是涉及旅游、文化和健康产业的企业。

位于厦门与长泰交界处的十里蓝山拥有如梦似幻的云海，让人沉醉其中；天柱山欢乐海洋大世界里300多种海洋生物和200多种海陆空三栖动物，令游客流连忘返。长泰还拥有众多养生胜地，诸如半月山温泉小镇等宜人民宿吸引广大游客在节假日到此尽情享受“长泰慢生活”。

长泰古今

长泰的人类居住史可追溯至至少 4000 年前，但正式建县是在 1000 多年前。据史书记载，公元 955 年置长泰县。陈元光（657—711）曾率领军队从河南到广州，再转至漳州，最终抵达长泰。陈远光不仅带来了军事力量，还有中原的文化、技术和艺术。本地的畲族人与外来的汉族人通婚，现在在小小的坂里乡，仍有 100 多名畲族人。

长泰拥有 4000 多年的历史，此地出土的文物包括夏朝（前 2070—前 1600）及商朝（前 1600—前 1046）的石器和陶器、春秋时期（前 770—前 476）的青铜器等，此外还有唐代（618—907）的道路和寺庙、宋代（960—1279）的水利工程、明代（1368—1644）的抗倭古寨和清代（1644—1911）的石屋等历史遗迹。其中，我最喜欢林墩镇的宏伟建筑——奎璧齐辉楼。

长泰文脉

或许正是长泰这 4000 年的文化积淀，以及那适合让人凝神思索的田园风光，共同孕育了众多的著名学者。从宋代到清代，长泰共培养出 76 名进士、297 名举人和 416 名贡生。明朝时，长泰人林震更是在殿试中荣获状元。长泰还出了三位解元，黄文史、薛炳、范方分别于 1390 年、1528 年、1621 年考中乡试第一。杨间令家族“一门八进士”，戴昀家族“一门九进士”。

长泰人戴燿（1542—1628）曾任两广总督，以廉洁奉公和足智多谋著称。他在任期间，通过减免赋税、兴修水利、灌溉田地、赦免冤狱囚犯等一系列措施，成功帮助现在的江西省南昌市摆脱了贫困。福建人民对他领导陆师、水师抗击倭寇（古时对日本海盗的贬称）的英勇事迹充满敬仰。被削职后，戴燿选择回到家乡长泰安度晚年，穿布衣，戴破旧角巾，即使衣衫破旧，也只简单缝补后继续穿。他游历于长泰的山水之间，在竟秀山浩歌亭以诗酒自娱，与后学者吟咏同乐。戴燿在 86 岁高龄时离世，但他的精神至今仍激励着每一个长泰人。

✿长泰文庙

另一名明朝官员唐泰（1392—1455），也是长泰的知名人物。他潜心治学，毅然辞去高官厚禄，返回长泰，兴办教育。在他的辛勤培养下，长泰英才辈出。状元林震、探花谢琏等皆出自其门下。他被人们尊称为“士林名师”。

到长泰旅游

长泰十分珍视当地丰富的文化遗产，积极保护和发展文化民俗村，如后坊村。仲冬时节那里有一片片盛开的金黄色油菜花和傲霜斗雪的梅花。村中还保留着传统的闽南风格建筑，错落有致的红砖灰瓦，巧夺天工的雕刻，经典的燕尾脊屋顶，令人赏心悦目。

2013 年，龙人古琴文化村因推动非物质文化遗产有形化利用，被文化部评为国家文化产业示范基地。游客可以在这里领略龙人书院的雅致和古琴制作的匠心。因为拥有美丽的自然风光与人文景致，长泰也吸引了众多电视和电影制作单位前来取景。

随着季节的流转，长泰展现出不同的风情。春天来临时，田野间万紫千红的花朵争奇斗艳，绚烂无比，赛过任何植物园的景致。炎炎夏日，风景优美的马洋溪是漂流和划皮艇的理想胜地。秋高气爽之时，你可登上郁郁葱葱的高山，观赏飞流直下的百丈崖瀑布，或探索神秘的深谷。到了冬季，半月山温泉小镇等地便成了游客的避风港。在这里，人们可以一边品尝令人静心凝神的菊花茶，一边享受温泉带来的温暖与惬意。一名外国游客曾形象地描述半月山温泉镇为“泡在森林里的温泉”。

我们驾车从长泰县城出发，向北驶入偏远的狭窄山谷。这片山谷，直到20世纪60年代一直是老虎和狐狸的栖息地，这里还是珍稀动物穿山甲（一种长满鳞片的食蚁兽，类似犰狳）、龟、狼、山羊、野猪、蛇等众多动物的栖身之所。

我们看到一座风格怪异的圆塔，它的外形酷似蒙古包，顶端却装饰着印度风格的塔尖。据说，这座塔是元朝时期所建，当时的统治者多少受到了藏传佛教的影响。

在道路的中央，一棵巨大的树巍然屹立，树上悬挂着“山重村”的字样。一位村民自豪地宣称：“这棵树有700年了，是福建最大的树。”

我问道：“闽西不是有更大的树吗？”

他咧嘴一笑，回答道：“对我们来说，这棵树就是最大的！”

如果你来长泰旅游，我推荐你去看看山洋楼。这座堡垒建于1623年，是长泰抵御倭寇的几处防御工事之一。从元末明初至明中期，日本人常年对福建沿海甚至是内陆偏远地区进行残酷的蹂躏掳掠，福建人对他们怀有敌意是情理之中的。然而，这些倭寇在明代嘉靖三十七年（1558）袭击长泰时，遭遇了强劲对手。超过1000名当地人组成了“高安军”，抵御倭寇长达6年。

山洋楼的寨墙底部厚达1.6米，顶部逐渐缩减至90厘米，堡垒整体高度为6米。墙上预留着洞口用于安装大炮，据说这些大炮能够射出锯齿状的金属碎片。

我在山洋楼附近遇到一位当地的老奶奶，她看到我后咧嘴而笑，调整了一下绑在后背上的婴儿，用闽南方言热情地邀请我和同伴们“M'dei（喝茶）”。

她就像一位施展魔法的魔术师，挥舞着手臂，带领我们参观了杂而不乱的庭院和古老的石屋：从摇篮到家具，再到木制农具，几乎每一件物品都是手工精心制作而成。它们因岁月的洗礼而变得黝黑，仿佛博物馆里的展品。这些物品的设计可能千百年来从未有过改变，不过物尽其用不失为另一种智慧。这些老物件中，我尤为喜欢他们自制的翻斗车。

在与奶奶告别后，我驱车前往林墩镇。

在林墩镇的第一站，我们来到了一家温泉餐厅。这家餐厅由一位姓林的先生经营，这在林墩镇并不稀奇，因为当地大多数居民都姓林。走进门厅，一幅巨大的明代林氏先祖的画像映入眼帘，画像前摆放着一张木制圆桌，桌上布置着香烛、茶杯、坚果、脆皮花生和一瓶矿泉水。

我们在餐厅享用了一顿丰盛的美食，有青椒鱼、猪肉、长贻贝、苦瓜大肠煲，还有水煮山羊肉。

山间野菜和有机蔬菜在菜单上占据了重要的位置。在中国，有机蔬菜广受人们欢迎，许多乡镇都设有“绿蔬市场”，武夷山每年也都举办“生态食品博览会”，甚至在上海这样的大都市，很多居民会在阳台上种植有机蔬菜。

奎璧齐辉楼是我推荐的第二个长泰景点。

1821 年，大烟商林天定建造了一座花岗岩府邸，高度达到 10 米。府邸中有一块石头，长 6.1 米、宽 60 厘米、厚 26 厘米，这样的巨石在闽南的巨型石桥上很常见。府邸中的木柱粗壮无比，被安装在花岗岩圆球上。岁月更迭，屋顶上的黏土瓦片依然完好无损，只是披上了一层浓绿的苔藓。

林墩寨始建于明代嘉靖年间，是为了抵御倭寇而筑造的。寨墙曾经高达 3-5 米，厚 1.5 米以上，将整个村庄紧紧地环抱。令人感到奇怪的是，村内还有一堵墙横亘其间，据说是为了隔开镇内的两派人马。他们除了在共同抵御倭寇的战斗时团结外，其他时候总是争斗不休。

漳州特产

漳州的八宝印泥、琯溪蜜柚、水仙花、荔枝、八卦芦柑、太平菠萝、天宝香蕉、香茅油、芦笋等特产，早已声名远扬。在美食的天地里，盐鸡、金定鸭、乌龙茶、本港鱿鱼、土笋冻和长泰烩面等都是游客的最爱。

从漳州到世界——林语堂的文学旅程

在漳州芗城区天宝镇辽阔无垠的香蕉林中，坐落着林语堂纪念馆。林语堂是我最喜欢的20世纪作家之一。林语堂不仅是一位作家、哲学家，还发明了中文打字机，曾于1926年至1927年间在厦门大学任教，并多次获得诺贝尔文学奖提名。1976年，林语堂在香港与世长辞，享年80岁。《纽约时报》在为他撰写的讣告中如此写道：

> 林语堂，这位集诗人、小说家、历史学家和哲学家于一身的大家，向西方世界展现了中国的风情、愿望、恐惧和思想，对这片伟大而多难的土地的诠释，至今无人能及。

1935年，在赛珍珠（Pearl S.Buck）的鼓励下，林语堂带着几分犹豫，出版了英文版《吾国与吾民》（*My Country and My People*），畅销一时，让他成为首位登上《纽约时报》畅销书榜单的中国作家。今天林语堂在西方世界的知名度已今非昔比，但在他那个时代，他为沟通东西方文化所作的贡献是无人能及的。

1895 年，林语堂出生于福建龙溪（今漳州）的一个基督教家庭，在家中排行老七，父亲是一位教会牧师。林语堂读书孜孜不倦，他和哥哥都怀揣上大学的梦想，但他深爱的二姐林美宫未能享有受教育的权利，正如林语堂所写，在那时“女孩上大学是一种奢侈，我们家根本负担不起”。

美宫 22 岁那年结婚了。林语堂准备离家去上大学时，她给了他四毛钱，嘱咐道：“你要去上大学了，不要浪费这个机会。要做一个好人，一个有用的人，有名的人……这是姐姐对你的期望。”一年后，美宫在怀有八个月身孕时不幸死于鼠疫。林语堂一直铭记着姐姐的嘱咐，不仅努力成为一个有用和有名的人，还与不公正现象作斗争，尤其是对妇女的不公正待遇。

10 岁时，林语堂和两个哥哥到厦门求学。1912 年，他考入上海圣约翰大学（St. John's University）。虽然他在体育方面表现出色，还参加了 1916 年在上海举行的远东奥林匹克运动会，但在学业上，他并不是最出色的学生。他经常逃课，虽然酷爱阅读，但选择的书籍往往与学校课程无关。例如，在民法课上，他却在读历史课本。

✿ 林语堂纪念馆

林语堂对西方教育体系也逐渐产生了不满，他认为，尽管西式教育有其优点，但也限制了自己深入了解中国哲学、历史和民俗的机会。

毕业后，林语堂在著名的清华大学任教，这段经历使他更深入地了解中国文化的根源。然而，在对东方文化深感兴趣的同时，他并未放弃对西方文化的研究。他曾写道：

两脚踏东西文化，
一心评宇宙文章。

1919 年，林语堂凭借清华大学提供的半额奖学金，踏上了前往哈佛大学的求学之路。然而，在毕业前，他又选择前往欧洲，并在欧洲完成了硕士学业，最后在德国获得了哲学博士学位。

20 世纪 20 年代，林语堂开始为众多中文杂志撰稿。1930 年，他的文章开始刊登在《纽约时报》上。全世界的读者都对林语堂 1937 年出版的畅销书《生活的艺术》（*The Importance of Living*）钟爱有加，这是因为他在书中穿插了许多妙趣横生的题外话，比如他对闲逛的热爱，以及他认为人们的心性是相同的：

我只想表现一种为中国最优越、最睿智的哲人们所知道的，并且在中国的民间智慧和文学里表现出来的人生观和事物观……我终究觉得这种人生观根本是真实的；我们的心性既然是相同的，那么在一个国家里感动人心的东西，自然也会感动所有的人类。

林语堂的幽默感也深受读者喜爱。例如，他在作品中加入了中国本土化的米老鼠漫画。1924 年，林语堂为英文单词 humor 创造了一个极其贴切的中文表达——幽默。

林语堂一生著述颇丰，各类作品共计30余种，很多作品至今仍具有很强的现实意义。我最喜欢的作品有《生活的艺术》《吾国与吾民》《中国印度之智慧》（*The Wisdom of China and India*），以及《美国的智慧》（*On the Wisdom of America*）等。

林语堂语录精选

“把事情做好”固然是一种伟大的艺术，可是“把事情放着不做”倒是一种更伟大的艺术呢。人生的智慧，终究是在扫除那些不必要的东西。

警察过多，自由将不复存在；士兵过多，和平将无从谈起；律师过多，公正将难以维护。

知足常乐的真谛在于懂得珍惜眼前的一切，同时明白放下那些遥不可及的欲望，心如止水，古井无波。

SEA MASTER
SEA MASTER

銅山風動石

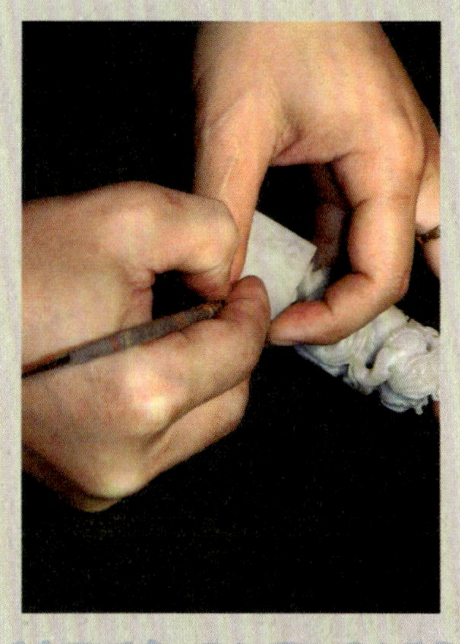

第四章

龙岩
红色文化发祥地

尽管我已经去过龙岩 60 多次，但对这片迷人的土地仍然了解得不够。难怪中国著名旅行家徐霞客（1587—1641）曾两度踏上龙岩的土地。同样，也不难理解为何作家路易·艾黎（Rewi Alley，1897—1987）会将长汀称为“中国最美丽的两个山城之一”。

龙岩的客家人

龙岩孕育了丰富多彩的民俗文化和别具一格的节庆活动。然而，最为人津津乐道的，莫过于这里是全球数百万客家人的祖地。客家人热爱和平，但在面对不公时也是出了名的强硬。二万五千里长征中，三分之一的战士来自龙岩。长征不仅激发了全国人民的斗志，更铺就了通往 1949 年新中国成立的道路。至今，龙岩人依旧保持着这份与生俱来的坚韧不拔的品质。

许多人常误以为客家人是少数民族，而客家人其实是不折不扣的汉族人。自秦朝（前 221—前 207）伊始，为躲避中原连绵的战火与饥荒，客家先民纷纷南迁。尽管他们离开了中原的土地，但中原传统文化深深烙印在他们的心中。

客家人对自己的传统文化深感自豪，在族谱的保存与记录上，他们的细致与严谨甚至超越了摩门教徒。我认识一位名叫张永生（Eng-Seng Teoh）的马来西亚客家人，他居然自称是神话传说中黄帝的第 149 代后裔。

勤奋的客家人一直重视农业和教育。他们团结一心，自给自足，仿佛形成了一个独特的民族。如果说客家人与其他中国人有所不同，那并非因为客家人有所改变，而是因为中国其他地方的人群都在变化。而海内外的客家人仍小心翼翼地守护着祖先留下的语言、饮食习惯、节日、宗教、婚姻习俗等传统文化。

在坚守传统的同时，他们也坚决抵制缠足等陋习，而中国其他地区直至新中国成立后才逐步摒弃这些陋习。20 世纪 90 年代，我曾在福建其他地方见过缠足的老妇人，但在龙岩未曾得见！客家人之所以拒绝缠足，是因为他们需要男女都保持身强力壮、脚步稳健，随时可以投入农耕或在遭遇土匪和强盗时进行战斗。

大脚客家女

客家女衣着朴素，身穿朴素的黑色或蓝色衣服，不事装饰。在夏天，她们在田间劳作时会戴一顶缝着黑布的篾片编织凉帽。在冬天，她们将竹帽换成头巾。尽管客家女外表朴实，却有着令人敬畏的气质，她们素来以刚毅著称。我曾问过一个客家男人是否知道为什么客家土屋是圆形的，他回答说："当然知道，那是为了防土匪和军阀。"我说："也许是吧，但我觉得，把它们设计成圆形有一个好处，那就是你们的老婆发怒时，没办法把你们堵在角落里。"他听后会心一笑，说道："你说得确实有道理！"

龙岩——新中国的摇篮

回溯至20世纪二三十年代，这里曾是中国共产党最具战略意义的革命根据地。毛泽东、周恩来、刘少奇、朱德、邓小平等革命家都曾在龙岩这片土地上生活与战斗过。在具有划时代意义的万里长征中，8.6万名长征战士中有2.6万多人来自龙岩。

在龙岩，几乎每个家庭都有烈士的故事，这座城市因走出多位红军领袖而声名远播。

龙岩不仅被誉为"红军故乡"，还享有"将军之乡"的美誉。在1955年至1965年间，龙岩走出了68位将军，占福建省将军总数的82%。其中，不乏如"中国空军之父"、享有"战神"之称的刘亚楼将军，

✡上杭古田会议会址

以及在士兵眼里“只要大声呼喊他的名字，就能带来胜利”的罗斌将军等。

龙岩人在其他领域也同样成就斐然，无论是在商业、学术、艺术，还是体育领域，都有他们活跃的身影。

迷人的龙岩——探索地上地下之美

龙岩这个地方，如同龙岩人一样令人惊叹。这里有龙硿洞、仙湖洞等地下奇观，与冠豸山的超现实主义风光交相辉映。龙岩的森林覆盖率高达 79.21%，位居福建省第一，在全国也名列前茅。

除了丰富的动植物资源，龙岩还拥有 64 种矿产资源，其中包括中国最大的金矿、第二大的铜矿和华东最大的铁矿。此外，龙岩还拥有中国最大的高岭土矿之一，丰富的高岭土原矿资源使得古代福建成为中国两大瓷器生产中心之一。

龙岩连城四堡镇是中国古代四大雕版印刷中心之一，这里的香樟木可以制作雕版，松木可以制作油墨，枣椰纤维和动物毛皮可以制作毛笔，还有无边的竹林可以制作珍贵的连城宣纸。

与中国许多地方一样，龙岩在传统节日期间热闹非凡。这里有精彩纷呈的舞龙表演，还有踩炭火、爬剑梯等民俗表演。独特的客家婚礼仪式以及畲族习俗等令我十分着迷。

现在你应该明白为什么即使去过 60 多次，我依然没能看遍龙岩的所有美景，其中一些地方仍然让我魂牵梦萦。

客家土楼——中国第三大文化符号

大多数游客的龙岩之旅都会从土楼开始，这一点不足为奇。国际旅游学会（International Tourism Studies Association）主席阿拉斯泰尔·莫里森（Alastair Morrison）曾表示，土楼与长城、兵马俑齐名，是中国名副其实的第三大文化符号。

2008 年，联合国教科文组织将 46 座土楼列入《世界遗产名录》，赞誉这些土楼是建筑传统与功能相结合的杰出典范，展现了别具一格的社区生活和防御性组织，并且从它们与环境的和谐关系来看，土楼也是人类住宅的杰出典范。

土楼体现了客家人的财富经营与传承之道。永定的土楼数量众多，这要归功于清代初期当地经济的繁荣。当时，许多客家人通过到东南亚地区打拼发家致富。

客家人不但善于经商，而且重视教育，培养了一批有才能的家族企业继承人，使得家族积聚的巨额财富得到传承。他们用这些财富建造了城堡般的土楼要塞，其中最古老的土楼建于大约 1300 年前。

中国著名建筑师黄汉民说："土楼是原始的生态型绿色建筑。"土楼不但实用性强，而且对生态环境极为友好。如今，世界各地越来越多地采用生土建筑，从简陋的住宅到奢华的豪宅，乃至医院、大学、教堂、酒店和度假村等，应用范围广泛。例如，澳大利亚昆士兰的四星级库拉尔宾（Kooralbyn）度假酒店就是生土建筑的典范。

尽管世界各地的许多研究人员将土楼视为未来建筑的发展方向，但这一独特的建筑实践实际上早在两千多年前就已经在客家人的祖居地——中原地区出现了。

土楼的夯土墙不但坚固耐用、耐火性能好，而且建造和维护成本低，能耗仅相当于传统烧砖工艺的七百分之一，大大减少了环境污染。土楼的建筑材料是当地易于获取的泥土、石头和竹子等，运输成本较低。此外，土楼十分舒适，在居住性能方面的表现也可圈可点。

土楼具有一种独特的美。

无论是客家土楼还是美国西南部的土坯房，这些土建筑都散发着一种由内而外的美感。它们采用当地的天然材料建造而成，仿佛是从大地中自然生长出来的，与周围的森林和山脉融为一体。

室内墙壁的纹理和外观不仅令人赏心悦目，还能产生"热声效应"。厚实的墙壁有效地隔绝了外界的喧嚣，使土楼院内成为一片宁静的绿洲。在这里，只有鹅鸭的鸣叫声和孩子们的欢声笑语。对客家人而言，这些声音并非噪声，而是乡村生活的天籁之声。

土楼拥有厚实的夯土墙，能显著减少温度波动，是天然的“空调”系统，冬暖夏凉。土楼的双层瓦屋顶还具有卓越的防水性能，甚至可以抵御台风和暴雨。

龙岩永定拥有两万余座土楼，大小不一，有的如同巨石，有的小巧玲珑。土楼形状各异，长方形、正方形、圆形、椭圆形、五角形、六角形、八角形、半月形等造型比比皆是。有些土楼是纱帽形状；有些则是半封闭的椭圆形，宛如牛角，如长汀的涂坊围屋；有些土楼的形状别具一格，将圆形、方形和长方形等形状交织在一起……在高头镇高东村，坐落着一座五角土楼，这无疑是一座历史悠久的客家“五角大楼”。

永定现存圆形土楼只有360座，但它们仍被视为最美丽、最神奇的建筑。古代中国人认为天圆地方，圆形和方形分别象征着天与地。圆形不仅代表着无穷的力量，还预示着繁荣与和平，同时也象征着子孙后代永久团结。

土楼历久而弥坚。

有些土楼已屹立逾千年。也许正是因为它们采用了当地的天然材料，未使用一颗钉子，才能历经沧桑，仍屹立不倒。

土楼墙体厚实，有的可达2米，由生土、沙子和石灰等混合物逐层夯实而成。一些土楼在建造时还会掺入一定比例的红糖、糯米和蛋清，使墙体更加坚固。

墙内用竹子和木材构成的柔性“骨骼”，使墙体在地震时能够灵活弯曲，不但能较好地维持原状，而且在一定程度上具备自我修复的功能。这种墙体不仅耐火，还能抵御洪水。

为了增强土楼的坚固性和防护力，墙体的底部常用花岗岩块或鹅卵石建造而成。

这些土楼坚不可摧，能抵御箭矢、枪弹，甚至炮火的攻击。由于土楼的窗户仅设在高层，入口处的大门成为土楼唯一的薄弱环节。然而，这扇大门如同银行金库一般，固若金汤。门框通常用坚固无比的巨型花岗岩砌成，而门本身则选用 12 至 15 厘米厚的实木制成，外包一层厚重的铁皮。门上装有巨大的横木，镶嵌在花岗岩外壳的孔洞中。许多土楼的门上还配备了水箱，以防止敌人纵火焚烧，有些甚至设有喷水口，能够向攻门者泼洒滚烫的热油。古代客家人不会给攻击者留下任何破绽。

奉行实用主义的客家人结合千百年积累下来的智慧经验，把土楼设计得十分实用，每层楼都通风良好，光线充足。一楼是做饭、吃饭、社交和工作的场所；二楼则用于存放谷物，祖父母们也住在这一层；年轻一代则住在三楼和四楼。庭院中央通常设有水井、磨坊、打谷场和祠堂，设施齐全，几乎应有尽有。客家土楼自成一体，无论是三口之家，还是有四百人或更多成员的大家庭，这里都能满足他们的一切生活所需。

土楼内是一个平等和谐的社会。

新中国成立后，在尝试建立公社的过程中，人们发现客家人一直沿用平等的公社制度，这种生活方式极为成功。以永定承启楼为例，最多有 800 多人和谐地居住在 384 个房间中。政府顺势将这座土楼指定为生产单位，鼓励他们继续发扬传统，不仅共享土楼内的设施，还共同耕种农田、管理果园等。

每一座土楼都是一个氏族世代相传的家园，从新生婴儿到耄耋老人，各个年龄层的居民共同生活在这里。中国古代法律严格规定了住宅大小和装饰必须符合等级制度。然而，土楼与中国古代大多数住宅不同，房间的大小、外部装饰、门窗样式等都是统一的。

没有哪个家庭可以要求住在顶楼的景观房，或是选择一楼更便利的房间。无论社会地位高低，每个家庭都居住在一组从一楼延伸至顶楼的垂直房间中，不过大户人家可能会占据多组这样的垂直房间。

所有居室，无论位于哪个位置，都面向中央庭院和祖庙。随着氏族的不断壮大，客家人会在原有建筑周围增建 3 至 4 层同心圆结构的楼层，或者在与第一座土楼相邻的地方新建一座土楼，从而形成一个土楼群。例如，风景如画的初溪土楼群就是一个典范。而这样的土楼群无疑是我心中的最爱。

土楼内的社会联系极为紧密。每个孩子都有许多叔叔阿姨、爷爷奶奶，当任何家庭需要帮助时，其他家庭都会及时伸出援手。

紧密团结的客家人不仅乐于互帮互助，对陌生人也同样坦率热情。龙岩当地的史书记载了客家人在饥荒、水灾、战争、瘟疫等灾难中，倾力帮助灾民的故事，他们甚至还收养无依无靠的孤儿，视如己出地抚养，并分给家产。

客家人对像我这样的“老外”格外热情友好，每次都会请我喝茶、吃饭，甚至留我过夜。早些年，因为交通不便，远在农村的客家孩子很少有机会品尝到大商店里才售卖的零食，所以我每次去土楼时总是带上几大袋零食。孩子们总是彬彬有礼地婉拒，我就把袋子交给一位年长的老奶奶，她会把这些零食分给大家，不过在此之前，她总要先往自己兜里装上几块糖，然后心满意足地嚼上一整天。

我喜欢看土楼里的孩子们玩耍。他们的活动就像我收藏的 100 年前的福建老照片一样，扎着马尾辫的姑娘们唱歌、跳绳，小伙子们则用鹅卵石下棋、玩套圈、打棍子、打水漂，或者逗猫，这些猫对“老外”和“老内”一样冷漠。客家人的猫和其他猫一样，不想理会人类，除了吃饭的时候。

这里的土地和人民，连同那些“高高在上”的猫，都散发着独特的魅力，难怪我会如此热爱土楼和土楼里的居民。当我妹妹葛琳达（Galinda）从美国来访时，永定自然成了我带她游览的厦门以外的第一个地方。

如果你从国外来游览土楼，请跟随英语导游，你将更深入地了解当地的文化和历史，还能听到那些令人难忘的民间传说。虽然振成楼和承启楼最有名，但你如果从初溪村土楼群的集庆楼开始探索，将会有更多的收获。

初溪土楼群——我心目中的珍宝

美丽的初溪土楼群依山傍水，距离下洋镇中心约 15 公里，这里不仅风景秀丽，还坐落着中国最大的客家土楼博物馆——集庆楼，让人仿佛穿越时空。

沿着陡峭蜿蜒的小路登上山顶观景台，整个山谷的景致尽收眼底。我曾在此拍摄过一组照片，居然被人误以为是从飞机上拍摄的。当你沿着陡峭的台阶艰难攀登，汗水淋漓时，不妨想象一下，直到不久前，这条险峻的小径还是进出这个山谷的唯一通道，而且那时还没有台阶。当地人背着一筐筐沉甸甸的农产品，翻越这座陡峭的山峰。那些农产品非常重，我甚至连提都提不起来，更别说背着它们翻山越岭去市场上出售了。

集庆楼——客家土楼博物馆之最　集庆楼是我最喜欢的圆形土楼，堪称中国最好的客家土楼博物馆。这座土楼建于 1403 年至 1424 年间，坐落于风景如画的初溪村北的溪边，占地面积 2826 平方米，共 4 层，高 12.7 米，直径 66 米，内部还有一座一层楼高的内环楼。集庆楼内共有 206 个房间，其中第一层有 52 个房间，第二层则有 48 个房间。此外，这座土楼还拥有 72 级楼梯，居所有土楼之最，这些楼梯将整个建筑分隔成 72 个独立单元。

集庆楼的墙壁厚近 2 米，楼梯、房间和隔墙所使用的木料，均取自周边森林，整栋建筑没有使用一颗钉子，历经 6 个多世纪的风雨，经受住了地震、台风和战争的考验。

此外，集庆楼还是中国最完整的客家民俗博物馆，馆内井然有序地陈列着万余件珍贵文物和详细的解说图片。如要一窥客家人的日常生活，最佳的方式莫过于漫步于各个房间，欣赏里面陈列的文物、图片和手工艺品。从客家农耕文化、土楼建筑，到古代贸易、木工（我尤其喜欢客家人的摇椅），再到炊具、农具（如风车、磨粉机、犁铧等），以及编织技艺和婚姻习俗（如花轿）等，几乎涵盖了客家人生活的方方面面。当然，还可以观看精彩的客家木偶戏，以及高达 2 米、重 2 吨的石雕。无怪乎整座土楼及周边如诗如画的风景，都被誉为国宝。

参观完集庆楼后，不妨再到村子里逛逛。几百年来，这座“活着”的传统客家生活博物馆群落几乎保持着原貌。人们穿行其间，仿佛漫步在电影场景中，因此许多影视作品在永定土楼取景，也就不足为奇了。

承启楼 承启楼是永定最著名的土楼之一，建成于清康熙年间，是福建现存最高大、最古老的圆楼，也是文化内涵最丰富的一座土楼，被称为“土楼王”。承启楼位于高头镇高北村，1981年被列入《中国名胜辞典》。承启楼规模宏大，设计精美，台湾著名的小人国主题乐园和深圳锦绣中华民俗村都建有承启楼的模型。1986年，中国发行了一套中国民居系列邮票，其中福建民居邮票上便是承启楼。同年，日本人将这枚印着承启楼的邮票评选为当年最佳邮票。

承启楼占地面积5376平方米，直径73米，内部拥有400间房、3个大门和2口井。鼎盛时期这里居住着江氏家族80多户，600多人，还有数不清的猫、狗和家禽。

全楼三圈一中心。外环楼高4层，直径达到73米，高16.4米，周长230米，共有72个房间。中环楼为两层结构，每层有40个房间。内环楼只有一层，有32个房间。与许多其他土楼一样，承启楼的中央庭院也设有一座祠堂。

振成楼 位于湖坑镇洪坑村的这座巨型土楼，占地面积达5000平方米，是客家土楼的精品，被称为“土楼王子”，俗称八卦楼。该楼以内部装潢富丽堂皇，空间设计精致多变著称。振成楼按八卦设计，卦与卦之间设有防火墙与拱门，门关自成院落，门开各方相通，建筑风格中西合璧，既有苏州园林风格，又有古希腊建筑的特点，是永定最受欢迎的景点之一。1985年，它的建筑模型与北京天坛作为中国南北圆形建筑代表，在洛杉矶世界建筑模型展览会上展出，引起了人们对中国古典建筑风格，尤其是对土楼的浓厚兴趣，因为这种独特的建筑在中国以外的国家鲜为人知。

振成楼建于 1912 年至 1917 年间，耗资 8 万银圆。这座土楼由两道环楼组成，外环楼高 4 层，每层有 48 个房间，内环楼高 2 层，每层有 30 个房间。每层楼都巧妙地设计了防火墙，以及由上海制造的精致铸铁花格栏杆。

院子里坐落着一座祠堂，祠堂由 4 根高达 7 米的巨大花岗岩石柱支撑而成。这个场地不仅用于娱乐和举行仪式活动，还用于接待贵宾。

环极楼 这座美丽的圆形土楼共 4 层，高约 20 米，直径 43.2 米，于 1693 年建成。环极楼的底层墙厚 1.7 米，墙顶厚 0.9 米，镀铁大门高 2.96 米，宽 3.4 米，坚不可摧。土楼有两口井，一口在土楼外面，另一口在里面，这样的设计不仅为了方便取水，还考虑到遭土匪袭击或被围困时的生存需要。

环极楼以其抗震性能和“自愈”特性而闻名。直到 21 世纪，“自愈材料”才受到科学界的广泛关注，然而，客家人早在 1000 多年前就建造出具有“自愈”特性的土楼。1918 年 2 月 13 日，一场里氏 7.0 级的地震在环极楼正面墙壁上留下了一条宽近 20 厘米、长近 3 米的裂缝，但地震过后，由于圆形楼的中心力和架构的牵引作用，这条裂缝竟奇迹般地慢慢合拢，只留下了一条细细的裂痕。

在土楼看客家木偶戏

> 木偶戏之所以引人入胜，在于表演者仅需灵巧地操纵木偶四肢上的提线，便能以精妙的方式，让木偶模仿出人们在真实生活里的动作。
>
> ——麦高文，1907 年

我很高兴能在土楼观赏一场木偶戏，与我在 19 世纪的老照片中看到的表演如出一辙。当看到木偶少女熟练地将茶水倒进小杯里，放在托盘上，端给我时，我大为惊奇。

难怪龙岩政府的地方名人榜上不仅有将军和商界巨子，还有著名的木偶戏艺人。

✡ 承启楼

我对木偶展示的精美书法感到着迷，观看木偶戏表演让我既开心又有点郁闷，因为一个没有头脑的“木头”竟然比我更擅长使用毛笔。

龙岩木偶戏艺人站在精致的木制舞台后，操纵着平均 75 厘米高、由多达 31 根线控制的木偶，施展着他们的魔法。这些木偶不仅四肢和手指能够灵活活动，连用樟木制成的头部的眼睛和嘴巴也能自如地转动。这些木偶扮演士兵、武术家、学者、官吏、小丑、书法家，甚至是戏曲演员。当然，它们是用客家话演唱的。

令我感到庆幸的是，龙岩就像中国其他地方一样，通过在学校里向孩子们传授木偶戏、剪纸或书法等传统技艺，来传承这些文化瑰宝。

走进古田

1929 年 12 月 28 日至 29 日，毛泽东、朱德、陈毅在曙光小学主持召开了中国共产党红军第四军第九次代表大会，即著名的古田会议。这里环境简朴而宁静，房间里仅有的陈设是几张凳子、桌子，以及墙上悬挂着的马克思与列宁的肖像。然而就是在这里，古田会议系统总结了中国红军成立以来的经验，确立了人民军队建设的基本原则，对党和军队建设具有重大意义。

古田会议纪念馆

纪念馆位于古田中学附近，是一座国家级博物馆，收藏了超过 2 万件文物。这里不仅是探索 20 世纪二三十年代闽西革命历史的地点，也是了解革命人物生平的绝佳场所。

✿古田会议纪念馆前的“丰碑军魂”雕像群

中兴堂

中兴堂位于古田镇八甲村，建于 1805 年，曾是中国工农红军第四军的司令部和朱德军长的住宅。

当地人对朱德怀有深厚的敬意，有人说，朱德虽然担任司令员，但他的外表和行为更像是一个“身材魁梧的农民”。有些人则认为他看起来像一个“穿着草鞋的炊事班厨师”。

协成店　位于古田镇赖坊村，建于 1922 年，是一座二层砖木结构建筑，古田会议召开后，毛泽东从古田八甲村移住于此，在这里撰写了不朽的光辉巨著《星星之火，可以燎原》。

这里陈列着他用过的简易木床、旧书桌、竹扶手椅和煤油灯等。最引人注目的是一个破碎的砚台和一支破旧的毛笔。毛泽东是一位诗人兼书法家，创作的内容深刻豪迈，并且书法矫健，气势恢宏。

五龙民俗文化广场　五龙村位于著名的古田会议遗址东侧，五龙民俗文化广场每天都有客家民间艺术表演，游客还可以参与舞龙表演，或是欣赏客家民间歌舞。

古田美食 古田有许多著名的客家美食值得品尝，包括武平生地排骨汤、上杭牛杂面、上杭鱼白肉丸汤、上杭葱油板面、溪鱼焖豆腐等，再配上当地的沉缸酒，真是美哉。这种酒1796年起源于古田，据说还具有药用价值。即便它不能治愈你的疾病，也可以让你沉醉于快乐之中，忘却病痛的烦恼。

梅花山自然保护区

在上杭县、连城县和新罗区三县（区）交界处，有一片总面积达225平方公里的仙境。这里瀑布飞流直下，山峦起伏，林木葱郁，奇峰林立，岩洞令人叹为观止。这里被誉为“动植物资源基因库”“神奇的宝山”，森林覆盖率高达89%，来自世界各地的学者汇聚于此，研究这里的珍稀动植物，包括1600多种植物、69种爬行动物、198种鸟类、29种两栖动物和362种陆栖动物。这里有40多种珍稀动物，如云豹、金钱豹、大灵猫、梅花鹿、穿山甲以及美丽的亚洲金猫、备受人们喜爱的华南虎等，科学家认为华南虎可能是老虎最早的变种之一，它是中国特有且历史最悠久的虎种，曾遍布全国。雄性华南虎体重可达150公斤。19世纪在福建的一位外国人曾测量过一只老虎，从它的鼻子到尾巴尖足有3米长。

在这里，你还有机会看到猕猴、白鹇、虎纹蛙等。在适当的季节，你还能目睹只有在高海拔森林中才能见到的金斑啄凤蝶。

梅花山露天有机食品 如果你清楚自己要找什么食物，徒步穿越闽西山区就像漫步于一个巨大的露天有机食品“市场”。沿途，你能找到竹笋和116种大型真菌，包括健康美味的红菇、黑木耳、灵芝和香菇等。日本的香菇享有盛誉，但他们的栽培技术实际上源自中国。1209年，何澹在《龙泉县志》中记载了香菇栽培的情况，近6个世纪后的1796年，日本园艺家佐藤中陵将何澹的著作改编成日本第一本关于香菇栽培的书籍。

中国虎园 2000年8月，龙岩启动了一项耗资1760万美元的老虎保护

项目，因为野生华南虎数量已锐减至不到 30 只，而动物园中也仅剩 59 只。通过与世界自然基金会（World Wildlife Fund, WWF）合作，并深入研究，一项老虎繁育计划开始了。得益于这项计划，老虎数量确实有所增加。

中国虎园毗邻梅花山自然保护区，是炎炎夏日里纳凉的好去处，但是如果想要玩得尽兴，建议你在当地过夜，或是选择周末来此。你可以在天浒池畔的别墅区租一间价格合理、宽敞的带空调木屋，然后步行 5 分钟到附近的和人堂享用一餐美味的客家佳肴。

✿ 华南虎

龙硿洞 20世纪90年代，我曾游览过新罗区雁石镇的龙硿洞，当时唯一的照明设备就是导游的手电筒。然而，在游览了三分之二的路程后，手电筒就没电了，我们只能手牵手在洞穴深处滑行，那时我发誓“再也不来了”。但如今，这些岩洞已开发得十分完备，照明设备充足，非常值得一游。这里有丰富的山林景观和复杂独特的喀斯特地貌，形成于3亿年前，经3次地壳运动和间歇演变而成，其中最大的岩洞观音洞高20米、宽50米，足以容纳1000人。

“三仙门”位于前洞。入洞时需小心，因为据说其中一扇门通向死亡，当然这只是个玩笑。中间的门通向石象和石床，据说睡石床可以放松身心，但我个人觉得它又硬又潮湿，就像一张石化的水床，不过可能比我在农村里睡过的一些床柔软。

就像其他地方的中国人一样，龙岩人给地上地下的每一块岩石、每一个角落，甚至每一个裂隙都赋予了名字。在龙硿洞内，你可以看到“石蛙跃池”“观音菩萨”“太上老君”，还能听到被称作“奔腾骏马”的滴水声，因其声音似马蹄奔腾而得名。最引人注目的是“石钟”，敲击石钟会发出阵阵响声。其他值得一看的景观还有“春耕”“河螺”“蜡葫芦”“竹林”“蟒蛇”“飞天白龙”“布帘”“黄伞”等等。想必这些“伞”在“奔腾骏马”滴水时可以让人躲雨。

✿ 龙硿洞

走进永定

仙湖洞 位于永定区抚市乡，可能不如其他景点那样广为人知，但它同样非常值得一游。仙湖洞洞深约1300米，走向为由北向东南延伸，洞内大洞套小洞，迂回曲折，变化

无穷。洞内四通八达，自然景观十分宏伟壮观，包含数十个展厅。最大的“西海龙宫”面积约 10000 平方米，洞高十余米。游客可以乘坐渡船前往地下湖中心，欣赏一根十余米高的擎天柱，这个圆柱与龙硿洞的石钟相似，敲击时也会发出响声。

走进漳平

永福原是畲族山寨，每年大年初六举行花卉精品展，到那时这里的确是花团锦簇。这座古镇海拔 755 米，气候宜人，非常适合种植橘子、蜜桃等水果，这里还培育了山茶花、兰花和杜鹃花等数百种花卉，远销中国各地和东南亚。永福还以竹笠、精美的藤制家具和独具特色的剪纸闻名。

✿ 永福花乡

多姿连城

连城县最著名的景点包括号称闽南“武夷山”的冠豸山、中国古代四大印刷基地之一的四堡镇和中国保存得最完好的古村落之一培田村。

连城丰富的客家文化也是一大亮点，这里有世界上最长的龙灯、踩火节和美味的客家菜肴。

冠豸山 我曾经认为，中国画是古代画家们借着酒兴或巧借外力完成的创作，非写实作品。然而，冠豸山如梦如幻的山峰，清奇瑰丽，确实与中国画的风采不谋而合。我每次前往冠豸山，都会有新的体验，一年四季都能欣赏到不同的景致，令人流连忘返。难怪一千多年来，冠豸山不断吸引着那些离群索居和寻求灵感的人们。冠豸山的摩崖石刻上，留有纪晓岚、林则徐等历史名人的 40 多幅书法作品。

冠豸山风景区是国家级重点风景名胜区，坐落在连城县城东侧 1.5 公里处，占地 123 平方公里，核心景区 53 平方公里，从

冠豸山

山顶俯瞰，几乎整个县城的景致尽收眼底，可谓是“城在景中，景在城中”。旅途伊始，不妨安排一场5公里长的乘船之旅，游览古代连城“八景”之一——石门湖。返程时不必再乘船，可换一种方式体验别样旅途。在标有“天下第一蛋”字样的亭子里品茗，尝尝当地的特色食品——用蜂蜜、米酒和枸杞水烹煮的鸭蛋。此外，小贩们还出售各式小吃、饮料和当地的手工艺品。

四周令人目眩的悬崖峭壁，在如火般绽放的野生杜鹃花、松树和芬芳的兰花的映衬下，构成了一幅迷人的画作。

稍事休息后，可以继续登山。与中国其他地方一样，登山途中也要攀爬一级级的石阶。假如珠穆朗玛峰在中国的一侧有石阶、栏杆，那么，山顶上肯定会有小贩卖茶、瓜子和号称“天下第一氧”的氧气袋，对此我一点也不会感到惊讶。

冠豸山一些奇幻的山峰和洞穴，其形态与人体解剖学上的四肢惊人地相似，其中一根垂直高度达60米的石柱被称为“生命之根”，位于一个既高又窄的山洞旁边，而那个山洞被人们亲切地称为“生命之门”。

四堡雕版古镇　连城县四堡雕刻印刷技艺历史悠久，起源于宋代，发展于明代，至清代达到顶峰。明清时期，四堡镇与北京、扬州、杭州齐名，是中国四大印刷基地之一。四堡镇保存着中国唯一幸存的古代雕版印刷书坊群。四堡镇之所以能够在四大印刷基地中脱颖而出，不仅因为其卓越的印刷技术、优质的纸张，还因其灵活的字体大小、细致的文字校对，以及精美的书籍装帧技艺。

中国四堡雕版印刷展览馆

四堡镇是发展印刷业的理想之地，这里有无边无际的樟树林，为制作雕版提供了优质材料。又得益于茂密的竹林及其提供的丰富原料，早在 11 世纪宁化、长汀和连城等地就已经制造出著名的纸张了。此外，松树燃烧后产生的烟灰可制作墨水，枣椰树纤维和动物皮毛则可用于制作毛笔。

毕昇大约在宋仁宗庆历年间（1041—1048）发明了活字印刷术，比德国人约翰内斯·古腾堡的铅活字印刷术早了大约 4 个世纪。500 年后，邹学圣（1523—1598）为了教育后代，开始印制课本。他们将课本制作完成后，销售给各个学校，从而开启了四堡印刷业的历史篇章。到了 17 世纪晚期，四堡有超过 100 户人家从事书籍的生产与销售工作。四堡的邹家和马家出版了 1000 多部书籍，其中包括《康熙字典》《四书》《增广贤文》，以及各种百科全书、年鉴等。然而，由于四堡地处偏远，在历史上相对默默无闻。尽管一些印刷大户的豪宅至今仍然屹立，但大多数印刷工坊早已被改造成猪圈或储藏室。

幸运的是，在 2000 年，龙岩成立了中国四堡雕版印刷陈列馆，展出了 800 多幅雕版印刷作品，包括《三国演义》《水浒传》《梁祝》《说文解字》等。其中有一册非常独特，将《三国演义》和

《水浒传》这两部在中国非常受欢迎的经典作品合二为一，页面上半部分是《三国演义》，下半部分是《水浒传》。

在这里你还可以亲自动手，体验印刷过程。只不过，看别人操作起来似乎轻松自如，轮到自己尝试时才会理解“看起来容易，做起来难”这句话的含义了。

培田村 是中国保存最完好的古村落之一，800 年前，吴氏族人从浙江辗转迁移至此定居，至今村中居民仍均为吴姓家族。培田坐落在美丽的群山之间，一条河流从村庄中间流过，将村落一分为二，形成一个古老的商业十字路口。村中有条长一公里，宽三四米的石板路，岔路口左侧的路通往长汀，右侧的路通往连城县城。很早以前，通往长

✲培田村全景

汀的路被称为秀才街，因为这是培田学子参加科举考试的必经之路。

尽管许多吴氏族人已经搬到了公路对面的新住宅区，但仍有一些人选择住在这个历史悠久的村庄，使其成为一座“活”的博物馆。一位当地人曾告诉我：“我们不能全部搬走，建筑需要生命。如果没有人住在这里，它们很快就会坍塌。”

培田村民热情好客，甚至乐意带领我们参观他们的家，介绍当地的建筑和生活方式。初见之下，这些房屋可能显得朴实无华，但经过几个世纪的使用，每一个细节背后都蕴藏着独特的故事。例如，许多民居外的人行道上镶嵌着用光滑石头拼成的圆形图案，代表中国古代的方孔钱。当地有个说法，如果你闭着眼睛走出家门，在第三步时发现自己踩在“硬币”上，就会发财。令人欣慰的是，这枚“硬币”的位置设计得很好，很少有人会与它失之交臂。我倒是失误了几次，不过我没有放弃，

坚持到成功踩中为止。

村中有些房屋的外墙底部有小方孔。我不认为这些孔是用来排水的，因为许多中国人相信运气会随着水流走，除非排水口有棱角，可以把运气留在里面。果不其然，经过求证，这些洞是狗洞。

培田村现存 30 座高堂大屋、21 座宗祠、6 处书院、2 座牌坊和 1 条千米古街。这些建筑拥有 800 年的历史，体现了明清两代的建筑风格。

在培田村众多的古建筑中，最值得一看的是村中最大的宅邸——继述堂，又称“大夫第”。它是从 1884 年到 1894 年，由 10 个家庭共同出资，历时 10 年，才最终建成。这座占地 6900 平方米的古典住宅有 18 个厅堂、24 个天井、72 个房间，楼上的图书馆曾藏书一万多册。住宅中的每一寸木质天花板横梁、门窗框和墙壁上都装饰着精美的雕刻。

外门上方刻有“三台拱瑞”四个大字，字面意思可以理解为“三座台子带来好运”，但培田人靠的是毅力而不是运气。宅邸内还悬挂着几块科举考试及第者的牌匾。

培田村另一处值得参观的地方是南山书院。

与大多数福建人一样，培田人长期以来把教育放在首位。南山书院建于 500 多年前，被当地人称为“入孔门墙第一家”。这所小小的乡村学校培养了 191 位秀才，其中 19 人入仕，5 人官至五品，最高者达到三品。五四运动后，吴震涛及其兄弟吴华年、吴拔祯（进士及第）、吴昌同留学日本和法国。在当时，像培田这样一个小村庄能有四位海外留学生，可以说是非常少见的。

与中国古代大部分地区不同，培田村高度重视妇女教育。容膝居是一处三间两厢、坐北朝南的小院落，专门用于为妇女授课。

在培田村，你不妨参观一些小商店，购买手工艺品或当地的特

✿游大龙

产，如姜脯、米酒和茶叶等。一些商店还有卖介绍培田村的书籍，照片很不错。

游大龙与走古事 每逢元宵节，连城都会举行特色民俗活动——游大龙。游大龙旨在祈求风调雨顺，五谷丰登。这一客家民俗活动被列为国家级非物质遗产名录，并在 2012 年以 791.5 米游龙创造最长游行花车吉尼斯世界纪录。游大龙时，龙灯在山坡上起起伏伏，令人目不暇接。

除了舞龙灯，连城还有另外一项元宵特色活动——走古事，也被列为国家级非物质文化遗产名录。走古事流行于连城、长汀等地，起源于湖南，人们为祈求神灵，防止干旱和洪涝灾害而创造了这个习俗。将小孩装扮成古代官员，站在一个木栏上，人们抬着游行。走古事是罗坊当地人为纪念

祖先跋山涉水、克服艰难险阻由中原迁徙而来，不仅要在岸上狂奔竞速，还要在水中逆流争渡，用祖先奋勇拼搏、力争上游的精神教育激励后人。

云龙桥 福建以桥梁闻名，尤其是木质结构的廊桥。在连城，你可以见到许多令人惊叹的木桥。它们设计独特，而在这些桥梁中，云龙桥无疑是福建最美的风景之一。

云龙桥位于连城县罗坊乡，离四堡镇不远。这座桥建于 1634 年，在 1771 年重修。桥长 81 米，宽 5 米，高 30 米，两端装饰有牌楼，牌楼顶梁有莲花木刻，整体像腾空的蛟龙，象征蛟龙控制雨水和洪水的能

力。毋庸置疑，中国人想象力丰富，几乎能在每一块岩石和峭壁上看出狮子、龙或蟾蜍的影子，连我也能看出这座奇妙的桥是如何像一条巨龙横跨在河上的。1996 年，云龙桥被确定为省级文物保护单位。

传奇武平

武平位于龙岩市西南部，闽、粤、赣交界处，是福建最迷人、最具多样性的角落之一，这里有 2000 多年历史的“南海国”王城遗址，也是“八仙”中唯一的女性何仙姑的故乡，传说她曾在武平神秘的群山中炼丹。

武平是“战神”的故乡，这个“战神”指的是被誉为“空军之父”的刘亚楼将军。当地人称，在危急时刻，“不用忧虑不用愁，只要喊声刘亚楼”。但我无法想象武平人民会焦虑不安，因为他们身上有着与生俱来的令人敬佩的英雄气概。如今，武平的革命纪念地包括红四军前敌委员会旧址——梁山书院、小澜农民暴动策源地旧址——小澜天后宫、石径岭红军路等。

当年英勇无畏的武平人民已回归祥和宁静的生活，但如果你来得正是时候，或许有机会目睹赤脚的农民走过熊熊炭火，或赤手插入沸腾的油中捞年糕的情景。

武平的少数民族人口众多，这并不令人意外，因为武平人思想开放、宽容大度。

中国的大多数村庄，尤其是客家人的村庄，只有几个姓氏，许多村庄甚至过了几百年也只有一个姓氏。但在武平县西南部的中山镇，一条 700 米长的古街上，竟生活着 100 多个姓氏，因此它也被称为“百姓镇”。

武平的多样性源于其地理和政治因素。994 年武平建县时，中山镇就是县衙的所在地，同时也是武平千户军的驻地。来自中国各地的士兵们带来了他们独特的习俗和方言。武溪河使武平成为连接江西、福建和广东三省的交通枢纽，也是客家人逃离中原动乱的十字路口。客家百姓和士兵在此安家落户，经过 1000 多年的发展，形成了许多独特的传统文化。

在中山镇，我最情有独钟的是观看当地的木偶戏表演，这里还有一个不容错过的地方——百家姓文化园。中山镇还有许多历史遗迹，比如建于 1391 年的迎恩门，建于 1551 年、呈八角形七层高的溃尾塔，以及建于 1830 年、长达 1114 米的永安桥。

祝寿永安桥 永安桥，初名通济桥，位于武平县中山镇，清康熙年间由邑绅王穆堂所建，清道光年间被毁，后王穆堂曾孙王启图等兄弟秉承母命，用她的祝寿礼金重建此桥，改称永安桥。清末著名保台抗日志士丘逢甲题写的“永安桥”和“母命继志”石匾镶嵌于桥拱上方。2006 年，永安桥被列为省级文物保护单位。

中湍村：刀山火海与剑梯奇观 中湍村位于武平县永平镇，随着媒体报道的日益增多，中湍村成为龙岩最受欢迎的旅游胜地之一。尽管村中仅有 1000 多位居民，但它无疑是全中国文化最丰富多彩的村庄之一，以“上刀山”“下火海”“捞油锅”等富有浓郁客家特色的民俗活动而闻名遐迩。

每逢寅、申、巳、亥年，中湍村在农历十月十五日这天都会挤满游客，他们前来见证一个传承了一个多世纪的民俗活动——上刀山，当地居民希望通过举办这一活动，祈求来年风调雨顺、五谷丰登。村庄里鼓声喧天、鞭炮齐鸣，响亮的唢呐声此起彼伏，伴随人们的热情欢呼，平日里宁静的村庄变得热闹非凡。村广场上架着一架约 8 米高的梯子，梯级上铺有 36 把精磨的利剑，剑刃朝上，寒光闪闪。你若怀疑这些剑是否锋利，不妨试着用手指划过剑刃。

客家老人经过一番“焚香洗礼”之后，便赤脚赤手地爬上这架铺着锋利剑刃的梯子。老人安全登顶后，现场顿时吹响牛角制成的号角，随后年轻人登上梯子，到达顶端时，从老人手中接过红包，这些红包上印有象征和平与繁荣的图案。

中湍村的另一项特色民俗是“过钉板、下火海”。村民赤脚走过约 2 米长、1 米宽的镶有 2000 根长钉子的木板。相比之下，印度苦行僧躺在钉子床上的绝技似乎略显逊色。虽然我了解这些表演背后的科学原理，但即便穿着鞋子，我

✿ 永安桥

也不敢挑战。

村民们还赤脚走过“火海”——一条由 1000 公斤熊熊燃烧的木炭铺成的道路。人们用棕榈叶煽动火焰，使其燃烧得更加旺盛，火光冲天，围观的人群不得不退后几步，以躲避扑面而来的高温。

能从中安全脱身是有科学道理的，但如果缺乏严格的训练和持久的耐心，仍然极具危险性。这或许也解释了为什么年轻人越来越不愿意继承这些传统绝活。我并不责怪他们，但如果这些独特的技艺完全消失，也是令人惋惜的。当然，我可不想亲自去传承这些技艺。

在福建的多个地方都有踩炭火的表演，但只有在中湍村，你才能目睹村民赤手捞油锅的场面。村民们将年糕倒入盛满沸油的巨大铁锅中，待年糕变色后，便卷起袖子，像苍鹭在水中叼鱼一样，将手伸入沸油中，一把抓起美味的年糕。尽管我知道其中的奥秘，但即便如此，我还是选择去商店里买年糕，而不是在油锅里捞。

狮岩　武平最神秘的景点之一是岩前镇灵岩村的狮岩。狮岩上有中国八仙中唯一的女仙何仙姑的亭子，还有供奉她的仙佛楼。尽管中国很多地方都声称是何仙姑的故乡，但我认为武平的理由最为充分，因为何仙姑父亲的墓地就位于距狮岩约 5 公里的宁洋村。

“红色小上海”长汀

中国有两个最美丽的小城，一个是湖南的凤凰，一个是福建的长汀。

——路易·艾黎（Rewi Alley）

2007 年的圣诞节，我收到了一份特别的礼物——龙岩至长汀的四车道高速公路在当天开通。我对这条新路心存感激，回想 1993 年第一次从厦门出发前往长汀时，到处是蜿蜒盘旋的山路，泥泞不堪，颠簸难行，整个旅程耗时 15 小时。这条“圣诞公路”的出现，仿佛把“红色小上海”长汀搬到了厦门的后院。

长汀地处偏远，20 世纪 30 年代，日本人占领厦门，却难以找到长汀，因此厦门大学选择搬迁至此。长汀确实是个理想的藏身之地。

长汀看上去只是一座普通的山城，古寺、村庄星罗棋布，在当地导游的引导下，游客可以一睹拥有千余年历史的汀州古城墙、城门、狭窄的鹅卵石街道，以及古老的花岗岩和木结构房屋。

长汀历史悠久，是福建新石器文化发祥地之一，在汉代（前 206—220）置县，如今，这里拥有唐代的三元阁、宝珠门、汀江两侧的美丽城墙建于宋代的千年文庙汀州文庙，以及独特的“八卦龙泉”（开元井）等古迹。八卦龙泉仿佛是一座倒置的宝塔，是中国唯一可以让人“掉进去”而不是“掉下来”的宝塔。长汀的每一寸土地都蕴含着一段历史，就连中石化加油站后面一座不起眼的小山，竟然被发现是唐代的“龙窑”。

长汀县博物馆　长汀之行，不妨从长汀县博物馆开始。该博物馆是汀州试院旧址，几百年来，汀州所辖八县科举考试曾一直在这里举行。1932 年 3 月 18 日至 21 日，福建省第一次工农兵代表大会在此召开，福建省苏维埃政府由此成立。

试院巷道的两棵唐代柏树有 1000 多年的历史。试院两侧分别是长汀革命历史陈列展览馆和汀州客家博物馆。这里的展品精彩纷呈，但只有中文说明，外国友人到此参观需要带一名翻译。

博物馆里陈列着几十张放大展示的关于客家风俗、节庆和建筑的照片，其中很多是我的朋友“巴布什卡”（Babushka）拍摄的。他是长汀当地人，但长得像俄罗斯人，所以有了这个绰号。这里的展品还有各种古代文物，包括陶器、家具、农具、客家剪纸作品、陪葬品和客家服饰等。我特别喜欢一种用棕榈纤维编织的雨披，它们散发着浓郁的异国情调，我家客厅也挂着这样一件雨披。

博物馆的一些照片描绘了独特的客家婚礼习俗，如新娘跨过门槛，踩在两个米筛上，米筛上通常画有八卦图。据说这样可以赶走霉运，留住好运。紧接着，新娘会抓起一只公鸡，拧断它的脖子，把血洒在地板上。

博物馆中还陈列着唢呐等乐器。值得一提的是，西方学者称，中国的唢呐大约在 2300 年前效仿伊朗的“唢呐”（sorna）制作而成。不过我个人认为，伊朗的“唢呐”应该是从中国的唢呐演变而来的。无论如何，这都体现了古代丝绸之路文化交流的广泛与深远。

博物馆第二展厅的玻璃柜中展示着涂坊村的客家围屋模型。在人烟稀少的长汀，客家围屋通常只有一层，呈椭圆形，很像牛角，因此被称为“牛角村”。

博物馆对面的古街两旁都是古老的民居，它们用花岗岩砌成，如同一座座活着的博物馆。木柱上雕刻着花纹，屋顶覆盖着深色的木梁和瓦片。当我们跨过一户吴姓人家的门槛时，仿佛穿越时光，回到了 300 年前。

我们没敲门就大摇大摆地走了进去，虽然感觉有些尴尬，但巴布什卡说：“没关系，门是开着的。”以我对巴布什卡的了解，即使门是关着的，他也会毫不犹豫地打开。而根据我对中国人的了解，他们大多是不会介意的。

✿ 长汀古城夜景

巴布什卡对屋主吴奶奶说：“我们只是随便看看。”

吴奶奶咧开嘴笑了，握住我的手，用那句永不过时的经典问候语说道：“你来了！喝点茶！”她急忙跑去烧热水，任由我们在她宽敞的家里随意参观。

古老的花岗岩墙壁阴暗潮湿，露天庭院里摆满了巨大的、长满青苔的花岗岩花盆，里面种着微型竹子、杜鹃花等各种精心培育的植物，四处散落着生锈的旧工具和设备。

院子里有一口种着鲜花的石井，井前长着一棵小树。自制的篮子挂在雕刻精美的木梁和墙上的铁钩上。角落里停着一辆木制手推车，上面堆满了落满灰尘的古董

家具。我看不懂门口古老的碑文，不过我的中国同伴也同样看不懂。

花岗岩门楣上雕刻着龙飞凤舞的图案，木质窗框上也有精美的雕刻。巴布什卡兴奋地指着石制门楣上的雕刻，并对那些被毁坏的木框感到惋惜。过去，农民常以低廉的价格将这些古老的雕刻和家具卖给商人，商人再将它们转手卖到厦门、上海等地，从中赚取小额利润。

“您的房子有多少年历史了？”我问道。

吴奶奶耸了耸肩说：“这我可说不准，但肯定比我年长。”尽管吴奶奶的年纪确实不小，但应该还没有超过300岁。当地人说，这里清新的空气和纯净的水是长汀人长寿的秘密。

一个红色的神龛上，摆放着一个插满线香的香炉，旁边是两个花瓶和两个空着的玻璃神像盒。神龛的上方挂着一幅泛黄的海报，上面画着笑意盈盈的寿星公——他光着头，额头高高隆起，一只手握着手杖，另一只手拿着一个桃子，身边还有一只驯鹿。在祖辈的照片旁，摆放着一叠长方形的小纸片，上面画着一个中国男孩和一个中国女孩，还写有“和平”两个字。“这些是用来祭祀的吗？”我又问。吴奶奶咯咯地笑了。原来，它们是用来做火柴盒封面的。这些小纸片是1953年由一位当地艺术家设计的，他希望当年美朝之间能实现和平。在这个家族中，人们从事各式各样的行业。在院子的角落里，有个人正在制作微型雨伞，也许是为了应对“微型”暴雨吧。

喝完茶后，我们穿过吴家的后门，踏进另一座由花岗岩构建的古宅庭院。屋主面带微笑，热情地迎接我们，但屋主的妻子随手将一扇门上了锁。无妨，我们依然可以在他们家的其他区域自由漫步。有个人蹲在铺着瓷砖的院子里，忙着给一条大鱼开膛破肚，他咧嘴一笑，招呼道：“你来了！喝点茶！”

一位女士正用酥脆的土豆粉炸萝卜丝。巴布什卡买了半打，说：“快趁热吃！”我一口吞下一颗，那感觉就像一颗滚烫的煤炭，一路燃烧到肚子里。

一户人家的屋檐下挂着的白纸灯笼，这表示这家最近有人离世。

客家女 得益于当地纯净的水源和清新的空气，客家女大多出落得美丽动人，但她们的衣着朴实无华。传统客家女子头戴斗笠，身穿黑布裙子和有刺绣的黑色简约服装。就像崇武的惠安女一样，客家女既美丽又有韧劲。

客家女子从不缠脚，因为她们要下地劳作、操持家务，而客家男人则要与土匪、军阀交战，还要与他们的丈母娘周旋。曾国藩将军（1811—1872）在镇压太平天国运动中遭遇客家女兵，尝过不少苦头，称她们为“大脚蛮婆”。她们体格强健，思维缜密，使客家男性可以自由去闯荡，探索新的领域，甚至远赴海外打拼。

长汀的客家女子不仅受人尊敬，更被广为崇拜。每年10月28日，来自全球各地的客家人会齐聚长汀，瞻仰客家母亲的雕像。她手持船桨，身背幼儿，有一双大脚，体格健壮。该雕像建成于1995年，位于汀江与金沙河交汇处，屹立在一座古桥南侧的客家母亲园中。

长汀的宗教遗址 与许多中国古城一样，长汀也拥有众多古老的寺庙，涵盖佛教、天主教、道教，以及妈祖信俗、客家母亲崇拜等多种宗教和民间信俗。

长汀的许多宗教场所背后蕴藏着丰富的历史故事。长汀城关基督教堂曾是周恩来、陈云旧居，也是共产党人长征出发前的集会地点。福音医院前身是一家教会医院，后成为中央苏区第一所红军医院，曾接待过许多革命领袖，甚至还接生过毛泽东的一个儿子。

愚公移山与南禅寺 重建南禅寺的过程让我想起了“愚公移山”的故事。他们虽未移走整座山，但削去了整个山顶，为庞大的南禅寺——这座江西、福建和广东三省最大的佛教建筑群——创造了一块绝佳的风水宝地。原寺庙建于1000多年前，年久失修，因此当地人把旧南禅寺搬迁到宝珠峰上。

在重建过程中，想必砍伐了大量的树木，用以制作雕刻精美的木柱、梁架、檐角等。好在这座寺庙建在以木雕闻名的长汀，否则，我怀疑即使是财力雄厚的佛教徒，也难以承担如此精美的宏伟建筑的造价。

汀州天后宫 得知远离海岸的汀江上居然有许多供奉“海神娘娘”妈祖的宫殿时，我感到非常惊讶，但随后我了解到，汀江是长汀人1000多年来的交通要道。汀江是福建唯一一条南北流向的大河，全长220公里，是闽西最大的河流，也是客家人的母亲河。

汀州天后宫位于长汀县城东大街朝天门外，是汀江最负盛名的妈祖庙。

别了，红色小上海 难怪路易·艾黎会爱上长汀，不仅仅是因为薄雾缭绕的群山和古老的客家建筑，更因为生活在这片土地上的人们。我现在明白了，为什么长汀的少女能在选美比赛中独占鳌头，为什么客家男人会为了争夺一尊150公斤重的大佛而激烈竞争。同样，我也理解了女孩们为何会倾心于当地的男性。一个骑着摩托车的年轻人，皮肤白皙，下巴方正（甚至还有酒窝），看起来就像是从好莱坞海报中走出来的明星。

然而，闽西人的美不仅仅在于外表，他们的自豪感和自信心解释了为什么闽西不仅是许多在海外取得辉煌成就的客家人的故乡，也是那些选择留在家乡，为新中国建设贡献力量的客家人的根。

古田会议永放光

承启楼

第五章

福州
中国航海文化的摇篮

随后，我继续向东行进，抵达了一个名为福州的城市……这座城市非常漂亮，坐立在海边……这里拥有世界上最好的公鸡。

——方济各会修士鄂多立克，1323—1327年在中国的见闻

高桅横帆船的传奇故事

19 世纪 50 年代，为激励船员们更快地将茶叶从中国运到英国，茶叶商拿出丰厚奖金，开展运茶船赛，最著名的一次发生在 1866 年福州塔锚地（即罗星塔），规模大，赛事激烈。1866 年 5 月 28 日，第一艘运茶船爱丽儿号张满了巨大的风帆，从塔锚地出发，全速驶向伦敦。5 月 29 日，火十字号、太平号、赛里斯号、泰兴号陆续装运完毕启航。5 月 30 日，黑五子号等陆续出发。直到 9 月 6 日，经过 3 个月、22500 余公里的航行，它们才再次相遇。爱丽儿号和太平号先后抵达伦敦，但因爱丽儿号吃水比较深，停靠码头耗时较长，后被太平号反超。为公平起见，两船分享了奖金。而赛里斯号在几小时后到港。火十字号、泰兴号分别在 7 日、9 日到港。

雄伟的高桅横帆船穿梭于福州、伦敦和纽约之间，运载着丝绸、茶叶和鸦片等。这些船只不仅追求速度，还注重外观——铜制船底、黑色上舷、金色或黄色饰边、用清漆涂抹的桅杆和船桨、漂白的柚木甲板、雪白色船帆。当这些船只驶出波涛汹涌的闽江时，闪亮的金色或黄色饰边让岸上的围观者惊叹不已。然而，并非所有船只都能顺利驶出。

在塔锚地和大海之间，有一个极其狭窄的峡谷，确实有许多船只，如 1853 年的东方号和 1857 年的远见号，在闽江的激流中沉没。没人敢小觑闽江的威力，尤其是中国人，他们可是古代世界上最伟大的远洋探险家。

> 他们驶往华夏的船只极其庞大，船体上设有一百多个舱室，顺风时可悬挂十面帆……
>
> ——乔达·纳斯修道士

福州历史悠久，早在新石器时代就有闽族先民在此定居。前 202 年，福州成为闽越国的首府，这里竖立起第一道城墙。福州之名源自福山，据当地人说，福山的形状与汉字“福”相似。

在大多数中国人还未意识到海洋的存在之前，福州人就已经开始进行海外贸易了。到了唐朝，这座城市已经发展成为国际贸易港口。福州是一座经济实力雄厚的城市，这里的创业者们在商业、文化和教育之间取得了精妙的平衡。唐代大文豪韩愈曾赞誉，福州的文化水平堪比当时的首都长安。这座城市拥有多所全国闻名的书院，以及中国第一座公共图书馆——巢经楼。

福州人在经济、政治和文化等方面开拓创新，锐意进取，出现了诸多伟大的造船家、商人、诗人、哲学家，以及像林则徐、林觉民这样的民族英雄。如今，福州至少是300万海外华人的故乡。

宋元交替之际，当蒙古人在福州忙得不可开交时，马可·波罗如此写道：

> 此刻，这座福州城成了通往宋国（指南宋在福建、广东建立的流亡朝廷）的要道……宋国最终败给了蒙古人。蒙古人在福州城里驻扎了大量军队，以维持这个国家的稳定。因为这座城市很容易因轻微的煽动而揭竿起义……

数百年后，当“洋鬼子”在鸦片战争后强行进入福州时，福州人仍然对他们嗤之以鼻。这也许解释了为什么中国人会把外国人安置在据说有鬼魂出没的岛屿上。

南台岛:“洋鬼子”与鬼魂

第一次鸦片战争迫使清政府开放福州作为通商口岸。然而，战舰和炮火并没有赢得民心，“洋鬼子”不得不为商业和住房用地进行艰苦卓绝的斗争。

1944 年 7 月英国首任驻福州领事李太郭（George Tradescant Lay）抵达福州，但他并不受待见，被迫在金山寺岛下船，只能乘坐小船逆流而上。福州有关部门为他分配了一所位于贫民区的房子。这所房子用木板搭建于河上，河水每日会上涨泛滥两次。后来，他搬到另一所房子里，又抱怨“晒不到太阳，连雨都见不到”。

在用枪口强行打开福州城门后，外国人坚持要求住在城墙内，似乎共同的居住环境能够培养友情，而非敌对。然而，中国人却巧妙地找到了将“老外”拒之门外的理由——“高楼毁风水”，“老外”不宜在城墙内建高楼。

最终，中国人找到了一个巧妙的解决办法：把“洋鬼子”和鬼魂放在一起。外国人获准在南台岛的一块古老墓地上建造定居点，包括精美的殖民大厦、领事馆和教堂，但“老外”很难留住怕鬼的中国仆人。

在随后的几十年里，中国人和外国人之间保持着一种不稳定的和平状态，在茶叶贸易的鼎盛时期，双方实现了共同繁荣。这种繁荣在很大程度上得益于中国人的诚信。福州居民兼企业家 H. 雪莱·布兰德（H. Shelley Brand）在谈论中国商人时曾写道：

> 在此，我想特别强调一件事，那就是古时所有中国商人都讲诚信，重礼仪。他们擅长讨价还价，但在谈妥价格后，甚至不需要他们给合同“盖章”（签署合同），因为他们言出必行。

尽管不时有鬼魂的传说，但是南台岛确实是一个颇为宜人的居住地，尤其是在阴凉的高处。随着英国、西班牙、法国、美国、意大利、荷兰、丹麦、瑞士、挪威、

☆华南女子文理学院旧址

日本、俄罗斯、葡萄牙、德国、奥地利等国相继在此设立领事馆，大量资金涌入。中国人也从这些外国人聚居地中获得了不少实惠，许多中国孩子接受了外国教育，并远赴海外，成为医生、工程师、律师等。

曾经洋场里的“老外”的身影现已不复存在，但今天的南台岛仍能让人回想起19世纪那段富庶而辉煌的岁月。

南台岛上的华南女子文理学院是一座庄严的建筑，20世纪90年代前曾长期作为廉价旅馆使用，现为福建师范大学仓山校区的所在地。

三一学校是以都柏林圣三一学院为原型建立的。遗憾的是，它未能逃脱被拆除的命运，取而代之的是一座混凝土和瓷砖结构的建筑。自1993年起，这里成了福州外国语学校。不过，前爱尔兰领事馆的钟楼依旧高耸于庭院之中。

在前俄罗斯领事馆的后方有一座老教堂，如今已变成油漆厂，内部堆满了机器、泡沫塑料板和油漆。

曾经宏伟的英国领事馆已经消失，原地盖起了退休干部休养所。一位老先生负责看守这里，当我透过铁门窥视时，他显得有些不悦。我试图与他搭话，告诉他退休干部和我有着不少共同点：他们已退休，而我也是“准退休”状态，但他并没有笑。

宏伟的老扶轮社（Rotary Club）依然屹立在退休干部休养所的旁边，不过它现在急需一番翻修，或者可能面临被推平后重建的命运。

前美国领事馆如今已变成一所护理学校的图书馆，正对着老扶轮社。

福建神学院位于更远处的山上，恰好在前英国领事馆后面。这里最初是一座教堂，后来改为照相机厂，1983 年建立神学院。

石厝教堂仿佛是从凯尔特传说中跃然而出的，我可以想象亚瑟王亲自在此顶礼膜拜的场景。教堂的大钟在“文化大革命”期间遭到破坏，后来这座教堂被用作印刷厂。虽然我不确定他们印刷的具体是什么，但我猜肯定不是《圣经》或赞美诗。2012 年，教堂修缮工作基本完成。

许多中国政治家、科学家等毕业于拥有百年历史的英华书院。如今，经过精心修复，它已成为一座体育馆。

继续前行，你会看到曾经属于外国富人的旧庄园和法国领事馆，现在已成为中国海军基地。这或许可以看作是对 19 世纪 80 年代中法战争的一种回应。法国人可能认为他们在史书上留下了一笔，但从长远来看，一个延续了 5000 年的民族是不可战胜的。

✡ 石厝教堂

福州文化：献“礼”中国与世界

福州之所以能在众多领域培养出杰出的领导者，主要得益于当地对文化和教育的高度重视，福州也因此被誉为“海滨邹鲁”。唐代诗人韩愈曾赞颂“闽中有奇才”。

✿ 林徽因

到了五代时期，福州建立了招贤院和四门学（即大学）；到了宋代，福州出现了中国最早的公共图书馆。

在宋代，福州共有 2247 人通过科举考试成为进士。明清之后，福州杰出人物层出不穷，如曾任 13 年宰相的福清人叶向高和福州船政学堂创办人沈葆桢等。到了近现代时期，福州更是人才辈出，其中包括中国现代化学工业奠基人侯德榜、著名经济学家陈岱孙、中国近代天文学奠基人张钰哲、中国小麦遗传育种学科奠基人庄巧生，以及著名女作家冰心和庐隐等。此外，这里还走出了中国第一位女建筑师林徽因。1916 年，福州人王助成为新成立的波音飞机公司的第一位航空工程师。2003 年，福州人黄春平担任了中国第一艘载人航天飞船神舟五号的总指挥。

我也很钦佩林纾，他和严复一样，将西方文化带到了中国。与严复不同的是，林纾只懂中文，因此他与懂外语的人合作，共同翻译了 11 个国家 98 位作家的 180 多部作品。

福州文化无疑在中国乃至世界文化史上留下了独特的印记。随着福州在 21 世纪海上丝绸之路枢纽地位的日益凸显，我相信福州的未来将更加辉煌。

✿福州国家森林公园千年榕树王

逛榕城

福州又称“榕城”，即使在炎热的夏季，这里古树成荫，为市民创造了凉爽宜人的漫步环境。

大约 1000 年前，福州太守张伯玉在官衙前种下了两棵榕树，并鼓励他人效仿。这些榕树不仅成为夏日里遮阳的天然屏障，还被当地人誉为“风水树”，因为据说榕树只会生长在风水宝地。

福州之心：东街口

无论昼夜，东街口始终是福州最繁华的地方之一。这里汇聚了十几个重要的旅游景点，以及众多商店和餐馆，轻松步行即可一一抵达。如何找到东街口这个地方呢？它就位于东街与八一七路交会的十字路口处。这听起来很简单，但实际上会让人感到困惑，因为八一七路在和东街交会处变成了鼓屏路，而在这个交会处以西，东街又变成了杨桥路。

我怀疑福州的街道命名是故意“报复”我们这些在鸦片战争时期伤害过中国人的“老外”。

东门熙熙攘攘，游客络绎不绝，销售人员叫卖着最新的商品，还免费分发商品小样。

三坊七巷

从八一七路往西走一个街区，就能抵达我最喜欢的地方——古老的三坊七巷。三坊七巷拥有1700多年的历史，街道纵横交错，每一处都有深厚的历史底蕴。但在20世纪90年代，由于没有人向我揭示隐藏在一扇扇不起眼大门后的建筑及其意义，我一开始只是走马观花地参观。幸运的是，我遇到了一个正在为北京记者担任向导的人。他很不情愿地让我这个不修边幅的“老外”跟在后面听讲解，但当看到我对

✿ 三坊七巷

着微型录音机小声记录时，他似乎有点不安。“我在写一本书”，我试图解释，但他看起来并不完全相信我的话，也许他以为我是“零零六点五”。

每一扇不起眼的大门后，都隐藏着如同迷宫般的庭院、房屋和花园。大多数房屋虽已破旧，但房屋内的壁画和雕刻依旧精美绝伦。

近些年来，福州市政府对三坊七巷进行了重修，恢复了许多民居和园林，并建立了博物馆，让我们这些外国人也能更深入地了解这里丰富的历史背景，以及诸如林则徐全力禁止鸦片、严复向西方学习等历史人物的故事。

与林则徐“面对面” 当我第一次与林则徐“面对面”时，才真正了解福州古老的侯官文化。我甚至和“他”一起吃了顿饭！当然，与我“面对面”的林则徐其实是 20 世纪 90 年代电视剧中的演员，而我则在电视剧中扮演了英国驻广州的商务总监查理・义律（Charles Elliot）。

☆ 三坊七巷街景

✿ 马鞍墙

阅读剧本之初，我曾拒绝扮演这一角色，因为我不相信西方国家会通过武力逼迫中国接受鸦片贸易近一个世纪之久。但我通过研究发现，历史的真相远比中国剧本中所描绘的更加不堪。我还发现，林则徐的伟大远超我的想象。

我曾在位于三坊七巷的林则徐故居与他的后人进行交谈，我甚至觉得不该打扰他。他是一位年事已高、卧病在床的长者，尽管如此，他仍然是一位真正的绅士。见到我时，他从枕边抬起头来，彬彬有礼地向我问好，并对自己无法起身奉茶表示歉意。我深受感动，但并不感到惊讶，因为他的身上流淌着林则徐的血。

林则徐不仅是一位勇猛正直的官员，更是一名坚定不移的爱国者。鸦片战争爆发后，清政府将中国的失败归咎于他，将他革职并流放到新疆。即使如此，他依然致力于帮助当地的少数民族，他甚至还记录了哈萨克族民间故事。而今天我们在新疆品尝到各种美味水果，很多也要归功于林则徐当年的创新。作为一位杰出的农业和水利专家，林则徐丈量、查勘、垦地数十万亩，并亲自监督水井和地下水隧道的挖掘工作。他甚至提出一个大胆的计划，把雪域西藏的水引到干旱的新疆地区。

林则徐也提倡“师夷之长技以制夷”，即向西方学习现代科学技术，点燃了中

✿ 林则徐纪念馆

✿ 严复

国的自强运动，间接促成了福州船政学堂的建立。

连英国人都对林则徐的智慧与品格赞赏有加。英国汉学家翟理斯（Herbert Allen Giles）博士曾写道："他（林则徐）是一位优秀的学者，一位公正仁慈的官员，一位真正的爱国者。"

严复故居　三坊七巷郎官巷中坐落着严复故居。严复现实生活版的"西游记"帮助当时古老而落后的中国逐步融入现代世界。

1866年，严复年仅12岁，父亲的去世击碎了他准备科举考试的梦想，但严复家庭的这一变故对中国来说是因祸得福。严复在福州船政学堂学习的西方近代科学课程与科举考试中的古代经典课程大相径庭，这让严复看到了中国对近代科学的迫切需求。

1871年，严复以优异的成绩从福州船政学堂毕业。在水师军舰实习五年后，他被选派赴欧洲深造，以优异成绩考入英国格林尼治海军学院，并在那里结识了中国首任驻英大使郭嵩焘，这段留学经历让严复对东西方之间的差异有了更多的了解。

严复回国后，先后在福州船政学堂和天津北洋水师学堂任教。1912年2月出任京师大学堂总监督。5月，京师大学堂更名为北京大学，严复出任校长。严复对中国最大的影响是翻译了亚当·斯密（Adam Smith）的《国富论》（*The Wealth of Nations*）、约翰·斯图亚特·穆勒（John Stuart Mill）的《论自由》（*On Liberty*）和赫伯特·斯宾塞（Herbert Spencer）的《群学肄言》（*Study of Sociology*）等西方经典著作，将西方的哲学、经济学、社会学、政治学和逻辑学等引入中国。

这些经典作品后来成为中学生的阅读书目，令许多人激动不已，其中包括后来成为著名学者和外交家的胡适。多年后，胡适回忆道："这种思想像野火一样燃烧着许多少年人的心和血。"

我走进严复的故居，坐在他的书桌前，努力想象着这位伟人如何对世界上最古老、最庞大的国家——中国的现代化产生如此巨大的影响。

清真寺

三坊七巷不远处坐落着一座清真寺。这里最吸引我的是一块古老的石碑，上面记载着穆罕默德曾派门徒到泉州的历史，这也证实了福建拥有中东以外最古老的穆斯林社区的说法。中国人热情地欢迎阿拉伯商人，因为他们带来了宝石、香料、金银等，用以交换中国珍贵的丝绸、茶叶和瓷器。正如中国人几百年来的俗语，"宝进，茶出"。

清真寺隐藏在一家面馆后面。一扇又低又窄的门后是一个小院子，院子里种着一棵无花果树，院门上刻着阿拉伯文，清真寺就坐落在院门的后面。从一楼的外观来看，它似乎与中国其他的寺庙无异，但面馆上方是一个醒目的绿色圆顶。清真寺内部装饰简洁朴素，只有绿色的地毯和祈祷毯。在这里，我找到了寻觅已久的历史遗迹——一块石碑，上面记载着穆罕默德的四名门徒于628年来到中国，据说这座清真寺就建于这一年。

虽然这块石碑是明代的，并非直接的第一手资料，但考古学家证实，泉州的伊斯兰教圣墓确实可以追溯到唐代。

一位长者邀请我进屋喝茶，屋内年轻的穆斯林们聚集在一起，谈论着神学和历史。他们相貌堂堂，神情中透露出自豪和骄傲，让我不禁想象起他们的祖先骑着骆驼在沙漠中奔跑的情景。

如今，要找到这座清真寺已不再困难，因为它经过重建，规模扩大到了1800平方米，大殿面积400平方米。

开元寺

开元寺是福州最古老的佛教寺庙，建于 548 年，享有三大盛誉：首先，日本人崇敬开元寺，因为空海大师（774—835）在返回日本创建佛教密宗的日本分支真言宗之前，曾在此修行。其次，开元寺拥有中国最大的铸铁大佛，据说重量接近 5 万公斤。第三，这里的福建省佛教协会诊所声名远播，长期以来，医师们在这里为乡亲们诊治各种疾病。

明代城墙

当我得知福州有明代古城墙的遗迹时非常兴奋，但寻找它的过程相当艰难。最终，我在于山和白塔的前方发现了一段很短的古城墙残迹。虽然大部分城墙已经重建，但 1371 年修建的城墙仍有一小段长约 20 米的残垣断壁留存至今。

我对城墙所剩无几感到震惊，但缓过神来后，不免感到欣慰，至少这些残留的城墙能让人感受到古城昔日的雄伟。因此，之后我还多次故地重游，欣赏这些残存的城墙遗迹。

于　山

清晨时分，漫步于市中心的于山，让人心旷神怡。徒步登顶后，我喜欢聆听退休老人们演奏传统乐器，演唱中国戏曲，日复一日，他们以此迎接每一天的黎明。据说，在天气晴朗的时候，在山顶可以远眺大海。

于山的白塔建于 904 年，共 7 层，高 41 米。夜晚，在射灯的照耀下，这是一个绝佳的拍照取景点。

相传，在汉代，何氏九兄弟曾在于山修仙炼丹，故于山又称九仙山。今日，山顶建有九仙观、天君殿和大士殿等。

✿ 白塔

福州市博物馆

这座迷人的博物馆创建于 1987 年，有英语导游提供博物馆导览和介绍福建历史。

博物馆内有一尊哲学家朱熹的雕像，朱熹与福州结下不解之缘，对福州文化贡献良多。

博物馆最令人毛骨悚然的展品是 1986 年 8 月在茶园村出土的一对男女古尸。古尸埋葬于 1235 年左右，至今保存得完好无缺，关节依然灵活，衣服也保留了鲜艳的色彩。女尸扭曲的双脚，生动地展示了古代妇女缠足的陋俗及其残酷。

但是，正如我提醒西方朋友的那样，在 19 世纪，西方社会普遍使用鲸骨制成的紧身胸衣来束缚女性的身体，使她们的内脏器官移位，常常出现晕厥的情况。时至今日，被厌食症折磨的时装模特仍比比皆是，残酷地证明了人类为了追求所谓的“美”而不择手段。

河滨公园

一个世纪前，炎炎夏日里，富有的“老外”和“老内”乘坐游艇，在闽江宁静的河段惬意遨游，在绿树成荫的竹林中享受野餐。1923 年，H. 雪莱・布兰德曾如此描绘这里的田园风光：

> 踏着石阶，我们来到了一处令人联想到英国风光的地方。继续向山上前行，我们来到一片美丽的竹林，漫步在这些翠竹丛中，感受着一种难以言喻的浪漫。偶尔，我们走到一片开阔地，驻足凝望着眼前的美景……远处的山峦高耸入云，溪水从山谷中潺潺流过，而点缀其间的水车，为这一切增添了几分生动和变化。

如今我没有看到游艇的踪迹，但很多人会在河滨公园散步，欣赏喷泉、池塘和雕像，或观看驳船在河面上缓缓驶过。

罗星塔

> 我清楚地记得，1887 年 4 月 28 日，我踏上了罗星山。那天的天气格外晴朗，沿河而上的旅程也显得格外迷人。然而，就在三年前，这里经历了法国大轰炸的浩劫，至今在塔锚地的残破堡垒和废墟中仍能看到轰炸的痕迹。此外，还可以看到在那场一面倒的战斗中牺牲的大批中国人的墓地。
>
> ——H. 雪莱・布兰德，1932 年 1 月 23 日

这里提到的“塔锚地”就是马尾港的罗星塔。马尾巷位于福州东南，这里最大的标志性建筑是相传南宋柳七娘建造的罗星塔。就连伟大的探险家郑和也将这座高 30 米的七层八角花岗岩塔画进了他的航海图。清末五口通商后，欧洲人给它起了一

个极富想象力的英文名字——China Pagoda（塔锚地，中国塔）。中国人将这里巨大的岩石命名为“双龟锁口”“五虎守门”和“金刚腿”。然而，这些被赋予了想象力的巨石，未能抵挡法国人的攻击。1884 年 8 月 23 日，法国人摧毁了中国舰队和大型造船厂。

现在，在马江海战纪念馆旁的墓园里，安息着七百名牺牲的中国海员。

马江海战纪念馆

纪念馆最初建于 1920 年，名为昭忠祠，1983 年成立马江海战纪念馆，馆内陈列着大量文物、文件和照片，还有烈士纪念碑和陵墓。

在纪念馆后面的山顶上，可以看到旧监狱、英国领事馆分馆和圣教医院。我怀疑医院是用来收治在金山寺岛发疯的领事馆官员的，一位作家曾提到：“领事馆官员在这个与世隔绝的通商口岸任职期间，很少有不发疯或不抑郁的。”

马尾造船厂曾经限制外国人进入，但福州现已将整个区域改造成了一座规模宏大的展示造船技术和船政文化的博物馆，我强烈推荐大家去参观。

涌泉寺

涌泉寺位于福州城东、闽江北岸、鼓岭山腰。这座建于 908 年的寺庙历经多次修缮，如今拥有 25 座殿堂，主要为明清时期的建筑。涌泉寺因其收藏的 1 万多块佛像雕版和 2 万多册珍贵佛经而驰名中外。在鼎盛时期，该寺有 1500 名僧侣，厨房里还保留着四口有着千年历史的大锅，其中一口大锅据说可以同时给 1000 名僧侣供餐。我强烈推荐这里的素食菜肴。

✿ 马江海战纪念馆烈士冢

✿ 涌泉寺

啊，鼓岭！

即使在炎热的夏天，鼓岭（福州方言称为 Kuliang）也因森林茂密和高海拔而凉爽怡人，沿着纵横交错的小路漫步鼓岭真是美事一桩。一个世纪以前，这里是外国人和中国富人的避暑胜地，他们在山上的别墅里度过闷热的夏天，打网球、在河里游泳、举行戏剧表演、狩猎吃人的老虎、更换被狂暴台风刮掉的屋顶……

2023 年，我还遇到了 20 世纪 40 年代在鼓岭出生的美国人。

2023 年 7 月，他们收到了习近平的欢迎信，这让我感到非常惊讶。虽然我与其中一些人通信已有 15 年之久，但事实证明，习近平认识他们的时间之长是我的两倍。

踏上福州的那一刻，这些美国人用流利的福州话说："转厝（回家）了！"福建也是习近平工作和生活了 17 年半的地方，他在欢迎信中写道："希望大家把鼓岭故事和鼓岭情缘传承下去、发扬光大，让中美人民友谊像鼓岭上的千年柳杉一样，茁壮成长，生生不息。"

习近平与鼓岭的缘分始于 1992 年 4 月 8 日，当时他读到了《人民日报》的一篇文章《啊，鼓岭！》。这篇文章讲述了在加州大学戴维斯分校任教 30 年的美国物理学教授密尔顿·加德纳（Milton Gardner）的故事。加德纳教授一生都渴望回到儿时在鼓岭山上的田园故居。鼓岭的气温通常比福州市区低 7℃ ~ 8℃，每到夏天，福州的外国人都会蜂拥而至，躲避酷暑。鼓岭上这个由外国人和中国人组成的小社区很快发展到 350 多户人家，社区里有商店、体育设施、教堂和邮局等。

时至今日，在福州生活过的外国友人仍会怀念鼓岭，但最怀念鼓岭的莫过于密尔顿·加德纳教授。正如 1992 年《人民日报》所载，加德纳的传教士父母在 1901 年至 1911 年间居住在福州，并在鼓岭度过了 10 个田园诗般的夏季。1911 年，他们一家人回到美国，加德纳教授在麻省理工学院研发了雷达系统，为世界人民在二战中击败日本和德国贡献了重要力量，他始终怀揣着一个梦想——重返童年时的故乡鼓岭。

密尔顿特别想念中国美食，他时常回忆起儿时家中那个中式菜园，尤其是园中的草莓，直到生命的最后时刻，他每天都要喝上一碗中式米粥。他每次掌厨的时候，总是精心准备各式中国菜肴。

然而，命运弄人，密尔顿在 1976 年不幸瘫痪，那时距离尼克松访华仅过去了 4 年。原本，他有机会重返中国。1978 年，密尔顿退休，家人常常听见他低声呢喃："Kuliang，Kuliang。"直到 1986 年临终之际，他依旧轻声呼唤着："Kuliang，Kuliang。"

密尔顿的遗孀伊丽莎白曾 5 次踏上中国的土地，追寻丈夫生前心心念念的"Kuliang"。1990 年，在翻找密尔顿的遗物时，她意外发现了 11 枚印有"Foochow Kuliang"邮戳的中国邮票。一个寄宿在她家的中国学生向她揭示了这个秘密——"Foochow Kuliang"正是"福州鼓岭"，这一发现令伊丽莎白十分欣喜。

这位中国学生被加德纳夫妇对鼓岭的深厚情感打动，于 1992 年 4 月在《人民日报》发表了一篇题为《啊，鼓岭！》的文章。年轻的福州领导人习近平阅读了这篇文章后，即刻向伊丽莎白发出了访问邀请。

1992 年 8 月 21 日晚，习近平在福州温泉大饭店热情接待了伊丽莎白。伊丽莎白对习近平为她此次访问所做的周密安排感到惊喜不已，更令她动容的是，他还找来了她丈夫儿时的 9 个伙伴——他们均已年过九旬。第二天清晨，伊丽莎白便带着摄像机前往鼓岭，她要亲自记录下这片曾无数次出现在丈夫梦中的土地和那些熟悉的面孔。

鼓岭之旅的第一站，便是那棵拥有千年历史的巨大柳杉，这棵柳杉是鼓岭居民心中的圣地。密尔顿儿时的朋友们至今仍记得，那个年轻的美国男孩为了超过众人，费劲爬上树梢那一刻的喜悦之情。《福州日报》的记者折下一根小树枝递给伊丽莎白，说："或许，你能从这根树枝上感受到密尔顿当年的快乐。"伊丽莎白一整天都随身带着那根树枝。

✿鼓岭

在一天的活动结束后，伊丽莎白心满意足地躺在阳台的藤椅上闭目养神。时任福州市外事办主任的楚燕丽感慨地说："我想，她是在向她的丈夫传达，她终于找到了他梦寐以求的鼓岭。这一切真的很感人。"

习近平了解到密尔顿曾收藏了一对漆瓶，因此特意送给伊丽莎白一对福州著名的脱胎漆瓶。伊丽莎白也向习近平回赠了她丈夫珍藏的漆瓶。密尔顿的父母于 1911 年将这些古董带回加利福尼亚，在近一个世纪的时间里，密尔顿每隔几年就会给它们涂上一层特殊的防腐剂。习近平非常高兴，并决定在福州市博物馆展出这对漆瓶。

在接下来的几天里，伊丽莎白尽情品尝了福州的地道美食——佛跳墙、福州鱼丸、光饼等，参观了福州熊猫世界，考察了老年活动中心，还参观了福州著名工艺品的制作工坊，如漆器、寿山石雕、软木画、牛角雕刻等。

尽管伊丽莎白已经来过中国五次，但她表示，这次旅行是最让她眼界大开、心潮澎湃的一次，因为她终于亲眼见到了她丈夫童年时代在鼓岭生活过的地方和那些曾陪伴他成长的人。

加德纳的故事发表后，许多美国人也渴望分享他们与鼓岭的故事。2016 年，穆言灵（Elyn MacInnis）给我发了一封电子邮件，说她正在筹备一个名为"鼓岭之友"

（Kuliang Friends）的小组，如今已有 50 多名成员。穆言灵的公公穆霭仁（Donald MacInnis）是一位传教士，20 世纪 40 年代曾在福州传教。他不仅是一名教师，还是飞虎队的海岸观察员。飞虎队是一支由美国志愿战斗机飞行员组成的英勇队伍，在第二次世界大战期间，他们协助中国抵抗日军的侵略。穆霭仁曾于 2002 年重游福建，并将他的所见所闻记录在了他的著作《迷失时代的中国编年史：闽江日记》（*China Chronicles from a Lost Time: The Min River Journals*）中。他在书中写道：

> 如今的中国，已不再有外国炮舰在河流上巡逻，那些由外国人享有的条约特权、治外法权或租界已成为历史。军阀混战、土匪横行和妇女缠足的时代都已成为遥远的记忆。女孩和男孩都能享受到普及教育的机会。现在，一条铁路和一条公路穿越邵武，而早年只能步行或乘坐小船才能到达这座江边小镇。

穆霭仁逝世后，根据他的遗愿，穆言灵和她的丈夫将他的部分骨灰撒在了福州的母亲河——闽江之中。穆言灵不仅参加了 2023 年的“鼓岭之友”访问活动，还向鼓岭博物馆捐赠了三个行李箱，里面装满了她在中国和鼓岭的纪念品。

2023年的鼓岭重聚活动迎来了新成员——80多岁的普里西拉·布鲁斯特·吉尔（Priscilla Brewster Gill）。她出生于福建，在中国生活了12年。她的父亲哈罗德·布鲁斯特（Harold Brewster）也出生在福建，能说一口流利的福州话和莆田话。他是一位来自卫理公会的医学传教士，在鼓岭经营一家诊所，也是基督教协和医院（现福建医科大学附属协和医院）的最后一位外籍院长。在日本占领福州期间，日军枪杀了所有发现的违反闽江出行禁令或药品运输禁令的人员。然而，布鲁斯特医生依旧冒着生命危险，乘船在医院之间运送药品。

普里西拉深情地回忆起，她曾帮助父亲照顾病人，当她自己受伤时，村民们也亲自为她处理伤口。“我们就像一家人，”她说，“我的心属于我的故乡中国。”

难怪加德纳博士对鼓岭人民充满怀念！

福州美食之旅——从“跳墙”开始

逛完福州，买完寿山石雕、软木画和脱胎漆器，我又犒劳自己，享用了福州的特色美食。闽菜虽是中国八大菜系之一，但排名并不亮眼，直到在一次烹饪大赛中，福州著名的聚春园酒店的厨师以三道佳肴惊艳了来自北京的评委。从那时起，各地的人们蜂拥而至，前来福州品尝福州名菜“佛跳墙”。

佛跳墙

关于佛跳墙这道菜的起源，流传着诸多传奇故事，其中一个版本是一群乞丐收集丢弃的食物残渣，炖煮了一夜，防止变质。一个路过的僧人被炖菜的香味吸引，尽管是素食主义者，还是跳墙而入，品尝了一碗。

我对一位福州朋友说：“现在超市里有卖便宜的盒装‘佛跳墙’。”

✿ 佛跳墙

“不可能，”他立刻反驳道，“那绝对是假的。正宗的佛跳墙要用到 30 多种精选食材与陈年白酒一起炖煮，分量足够十个或更多人食用，一锅的成本至少要 1000 元。”

虽然“佛跳墙”确实很美味，但在降价或有朋友慷慨买单之前，我恐怕不会轻易“跳墙”去品尝。不过，福州还有许多其他特色菜肴，价格亲民，我也吃得起。尤其是福州鱼丸，根据鱼肉和面粉的比例，以及虾或猪瘦肉的用量不同，呈现出不一样的味道、口感和弹性。

福州肉燕也是一种相当不错的美食。当然，和大多数福建人一样，福州人也认为他们的肉燕是全省乃至全国最美味的。

我看到一个制作肉燕的大块头（至少他的锤子很大），用木槌敲打了半个多小时，其间未曾停歇。他把猪肉捣得薄如纸张，白皙透明，以至于我一度误认为那是外卖用的包装纸。

世界上最快的快餐

在 20 世纪 90 年代，新兴的西式快餐连锁店让中国人雀跃不已，但早在 400 多年前，福州就拥有了世界上最快的快餐——光饼。

光饼，在东南亚地区被称为 Kompyang，据说是 16 世纪 60 年代明朝英雄戚继光将军在福建沿海抗击倭寇时发明的。

戚将军意识到敌人可能通过炊烟追踪军队的位置，于是发明了一种用面粉、猪油、洋葱和盐制成的面包圈，可提前制作好，行军时随时食用。他最聪明的创新之举是在光饼上打孔，这样士兵们就可以用绳子把光饼串起来，挂在脖子上，这样既不耽误行军，又节省做饭时间。这无疑是最快的快餐了。

美国人经常“边吃边跑”，但古代中国人甚至边跑边吃，而且可能是边打边吃。无怪乎中国人取得了胜利。我相信日本人不可能把寿司串在脖子上，因为我自己尝试过，寿司会从绳子上掉下来。

福州购物体验

福州有丰富多彩的手工艺品，包括木雕、寿山石雕、玉雕、竹编工艺品、瓷器、纸灯笼和油纸伞等，特别是福州的油纸伞，其设计对日本和伞产生了深远影响。

我家客厅摆放着几幅精致入微的软木画，画中的微缩世界美轮美奂，让我深深痴迷。

牛角梳

即使像我这样的外来者，也能感受到牛角的艺术之美，甚至连水牛自己也会为能促成这样的艺术品而感到自豪，但我对牛角的医疗功效持怀疑态度。

售货员极力推销牛角梳时会吹嘘牛角对人体的好处，这一点我尚能理解，但我厦门大学的邻居和同事们，在没有利益驱动的情况下，坚持认为天然牛角对头发和头部保健有好处，甚至能治疗秃头、愚笨等各种疾病。

好吧，无论牛角梳是否有药用价值，它们确实制作精美。如果我头秃了，也会买一把牛角梳试试。

脱胎漆器

脱胎漆器是福州最著名的手工艺品之一，被誉为中国传统手工艺品三宝之一，其余两种分别是北京景泰蓝和景德镇瓷器。1898 年至 1937 年间，这种精致的漆艺在柏林、巴黎、东京、巴拿马等地举办的国际博览会上共斩获 16 项金奖。

漆确实美丽，但同时剧毒无比。脱胎漆器是用漆树的汁液层层堆积而成的，这种汁液含有剧毒。因此，漆匠必须从头到脚穿上防护工具，工作结束后还得用特制溶液清洗身体，才能抵消毒性。漆匠们的辛勤劳动和耐心坚守，最终创造出了彰显东方人匠心的脱胎漆器。

1933年，尤妮斯·托马斯（Eunice Thomas）女士在一篇论文中讨论脱胎漆器：

> 脱胎漆器涂刷的层数不等，有时是几层，若是使用上好的金漆，则可能是上百层。每一层干燥需要五到七天的时间，这便意味着一些巧夺天工的作品可能需要一年甚至更久的时间来完成。正因如此，人们不得不放弃催促东方的匠人们，他们的缓慢并非因为懒惰，而是源于对细节的雕琢和对精益求精的不懈追求。用于擦拭漆层的许多材料，从磨刀石到人的发丝，都需要经过仔细分级，并且需要工匠徒手加热以达到最佳效果……只有东方人才能将艺术家的想象力、和蚂蚁或蜜蜂一样的技术能力，以及沉稳的毅力相结合。脱胎漆器似乎是中国谚语“慢工出细活”的完美诠释。

永泰溪洋村风光

探秘永泰

驱车前往福州以西的山区，不久便可抵达福建最隐秘的地方——永泰。这里有幽深的山谷、茂密的高山草甸和壮观的瀑布，是很多中国人钟爱的去处。然而，和我一样居住在福建的外国人布莱恩·赫奇（Brian Hodges）先生告诉我，他每个周末都在永泰度过。

永泰在新石器时代便有人类定居，于766年设县。全县面积229.86平方公里，海拔超过1000米的山峰超过77座，其中大部分被郁郁葱葱的树林覆盖，山里有瀑布长流不息。

永泰还有丰富的地下景观，如“白云洞”“如意洞”“长乐洞”“中举洞”和“仙人洞”等。

永泰是全国三大温泉区之一，现已探明 12 处温泉自露点。温泉酒店有巨大的温泉游泳池，提供矿泉浴服务。游泳池的温泉水通过水管从地下源源不断地流出来。

永泰有众多历史文化遗存，不过当然不包括坐在竹摇椅上抽烟斗的“老古董”们。我最喜欢的景点当属元代摩崖石刻和令人叹为观止的方广岩寺，这座悬空寺总让我联想到美国西南部古印第安人的悬崖居所。

永泰也是武术之乡，尽管福建的很多村庄和家族都声称自己的功夫最精湛（比如在宁德周宁你可能遇到打虎功夫高手）。

永泰不仅是了解中国历史和传统文化的绝佳地点，也是品尝山珍海味、徒步探秘瀑布的理想去处，当然，你得小心提防当地的眼镜蛇、竹叶青和蟒蛇等。

我尤其喜欢在凉爽的夜晚漫步在小镇熙熙攘攘的街道上。尽管永泰有很多现代商铺，但我还是更喜欢那些出售精美木桶、竹耙或简易农具的地方。当然，我也很喜欢当地的美食。

我终于明白为什么布莱恩·赫奇每个周末都要到永泰放松身心了，因为永泰人的热情友好让人感动万分。

最初几次前往永泰，我都是沿着狭窄且多风的道路前行，即便是自己开车前往永泰，也常常感到晕车。而如今，从福州以南的莆田出发前往永泰，可看到沿途风景优美，山谷里有整齐的梯田、土楼建筑和一排排爬满葫芦藤的蘑菇屋，令人心旷神怡。在福建，平地异常宝贵，没有一寸土地会被浪费。

即便是公路与山崖隔开的路肩上也被种上各种蔬菜，房屋建在陡峭的山坡上。如果没有电梯，我可不敢尝试住在里面。

山上的竹林高耸入云，仿佛巨大的瓶刷或绿色羽毛。这里色彩斑斓，翡翠般的稻田和碧绿的河流交相辉映，令人流连忘返。岭路乡坐落在美丽的山谷中，遍地种植着水稻、象耳草和香蕉。小溪蜿蜒流淌，向西流入郁郁葱葱的群山，这景象让我想起了夏威夷毛伊岛通往哈纳的路上的世外桃源。随着我们深入山区，竹林逐渐被松树和常青树取代。

现在只需一个小时就能驾车从福州直达永泰，新公路沿着宽阔的闽江缓缓穿过更宽阔的山谷，闽江上总是有舢板和挖沙船穿梭往来。我个人认为这样的行程有些仓促，有点像中国的成语“走马观花”。不过，往好的方面想，你会有更多时间放松身心，体验永泰的深谷和高山草甸，而后，便可以驱车前往海神妈祖的诞生地——莆田。

佛跳墙

第六章

莆田

妈祖故里

小“老外”爱莆田

2002 年，当山姆・伯吉斯（Sam Burgess）一家从美国迁至莆田时，这里只有一个红绿灯和一家肯德基，但他们一家人还是爱上了这座历史悠久的海滨小城。10 年后，年轻的莎拉・伯吉斯（Sarah Burgess）发邮件问我：“潘叔叔，您愿意和我一起写一本关于莆田的书吗？”

莎拉一直热衷于记录和拍摄，热情地向世界展示她心中的第二故乡，当我问她莆田有什么可写时，她和弟弟萨米（Sammy）都显得很惊讶。

他们有点愤愤不平地回答道：“莆田有很多值得大写特写的地方！”他们向我讲述了莆田的故事，展示了在一座古老的石厝旁挖出的陶瓷碎片，还自豪地骑车带我在城中穿梭，一一欣赏那些古老的建筑。后来我还得知，伯吉斯一家并非首批爱上莆田的美国人。

山姆和他的孩子们引领我穿越郁郁葱葱的山丘，来到弗雷德・林肯・加斯里（Fred Lincoln Guthrie）的墓地。这位传教士来自美国，1865 年出生于伊利诺伊州杰克逊维尔。他在莆田协助创办了孤儿院、疗养院和圣路加医院（St. Luke Hospital）（现莆田学院附属医院），并担任兴化英华学校（Hinghua Anglo-Chinese School）的校长。1904 年的圣诞节次日，加斯里怀抱一个昏迷不醒的中国男孩，急匆匆地赶往医院。医院成功挽救了孩子的生命，但加斯里却因心脏病发作不幸离世。为了纪念加斯里，莆田人民将他的坟墓保留至今。

山姆在莆田学院教书，这份工作让他乐在其中，每天都有学生和同事登门拜访。有一年感恩节，连莆田市市长夫妇也来到他们家，与他们共同享用火鸡盛宴。

莆田人对像山姆这样的教育家充满敬意，因为这座看似平凡的海滨小城，实际上在过去的 1000 多年里一直是文化重镇。自唐代以来，莆田共培

✿ 湄洲岛晨曦

养了 2482 名进士、21 名状元和 17 名宰相。

莆田确实有许多值得书写的地方，现在莆田已经发展成为一个拥有近 320 万人口的地级市，2023 年的 GDP 突破 3000 亿元。如今的莆田不再只有一个红绿灯，而是展现出了更加光明的发展前景。

莆田拥有 548 公里的海岸线，其中包括 30.9 公里的深水海岸线，可以建设 150 个可容纳万吨级船舶的泊位，数量相当于全国规划的深水泊位的一半，发展潜力巨大，因此，莆田是“一带一路”倡议中极具战略意义的组成部分。

莆田景点推荐

莆田有众多受保护的文物古迹，从南少林功夫的发源地南少林寺，到仙游祈梦楼、古谯楼，被誉为海上“布达拉宫”的湄洲妈祖祖庙等，令人目不暇接。而莆田的自然风光同样美不胜收，这里有两个省级风景名胜区：九鲤湖和老鹰尖保护区。涵江被誉为“小上海”“东方威尼斯”，在当地，人们乘坐小划艇，穿梭在“街道”上，从那横跨运河的古老花岗岩拱桥下巧妙地穿过。

值得一提的是，你还可以欣赏到历史悠久的莆仙戏表演，这门艺术起源于1000多年前的唐朝。每逢节假日，莆田的街头巷尾便热闹非凡。中国只有莆田一年过两次年，这一习俗有着400多年的历史。人们除了在正月初一庆祝农历新年，还会在正月初四或初五再次庆祝。莆田还有一个独特的过年习俗，就是在门上贴“白头春联”。不同于中国其他地方的全红对联，莆田人在清朝开始使用红底带白纸额头的对联，这种风格的对联在中国颇为罕见，因为白色通常与哀悼相关。

广化寺

广化寺不仅是莆田最受欢迎的景点，更是福建规模最大的古刹之一。这座古寺始建于558年，坐落于莆田城南约3公里处的凤凰山麓，占地面积达32,000平方米。广化寺原名金仙院，589年，来自天台山的无际禅师募资扩建寺院，并将其更名为金仙寺。711年，改名为灵岩寺。200多年后，宋太宗赐名“广化寺”。

元朝至正年间，一场大火无情地吞噬了寺院。明洪武至永乐年间从废墟中重建。1692年，镇守福建兴化（莆田的古称）、泉州等处的总兵王万祥捐资对寺院进行全面整修，并将其与邻近的法海寺、小南山庵合并。

1949年前，广化寺的僧人还在印度尼西亚和马来半岛等其他东南亚国家和地区修建了寺院。“文化大革命”结束后，海外侨僧和华侨齐心协力，帮助修复了莆田的广化寺。

1949年底，广化寺只有60名常住僧人，到如今已有200多名僧人在此居住修行。

释迦文佛塔

释迦文佛塔是一座高近30米、共5层的石塔，确切建造时间现无法考证，但根据塔上的题记推断应不晚于1165年，其设计灵感源自传统的木塔。这座塔的外观给人一种下沉的感觉，实际上，这是由于几个世纪以来从山上冲刷下来的泥土不断堆积，使周围的地面逐渐升高。释迦文佛塔与其他佛塔不同，其内部空间异常宽敞，并设有多个露台。

这座佛塔上的雕刻与众不同，仿佛是雕刻家任由想象力驰骋的结果——佛陀、佛陀的弟子、嬉戏的狮子和仙人的形象等栩栩如生。从第二层到第五层，每一层都有四面开门，门前都有天将把守。

在中国众多佛塔中，这座佛塔堪称珍品，非常值得一游。

湄洲岛

湄洲岛位于福建沿海，在泉州与莆田交界处，是海神妈祖的故乡、妈祖文化的发祥地，被誉为“东方麦加”，吸引着无数人前来朝拜。传说，妈祖生于960年，她的名字中带有“默”字，因为她自出生至满月不曾哭闹。

默娘5岁时便能背诵佛经；8岁时从塾师训读，能过目成诵，阐释文义；10多岁时开始诵经礼佛；13岁时一位玄通道士见她聪明伶俐、乐善好施，便传授她医学典籍，后来，她四处行善，用草药治愈病患，还教导人们如何预防疾病；16岁时开始细心研读天文地理知识，观察潮汐、星辰和天气变化，帮助渔民决定何时出海捕鱼，何时留在家中闲聊捕鱼趣闻。

默娘这些故事到目前为止尚还可信，但后来人们传说她能驾驭云

✡ 释迦文佛塔

✿ 妈祖雕像

彩，用自己的力量击退巨浪、拯救船只，开始称她为“神仙”或“龙女”。28岁时她为救落海船只而遇难，羽化升天。

此后，她经常显灵，指引陷入困境的船只安全返航，心怀感激的渔民开始将她奉为“海神妈祖”。宋、元、明、清历代均有褒封，包括“天后”“圣女”和“圣母”等。

如今，湄洲岛每年都吸引着数十万来自世界各地的朝圣者，他们参观妈祖庙，朝拜妈祖像。在举行特别的仪式之后，信众会将妈祖的神尊请回家巡游，与他们一同回到新加坡、洛杉矶……几乎地球上任何一个有水的地方。

中国·湄洲妈祖文化旅游节现已成为重要的对台对文化交流平台和国家级节庆活动。除了独特的妈祖祭奠仪式和丰富的妈祖艺术与文化展示外，活动主办方会举办一系列文旅活动，如千人祈福活动等。

✡ 湄洲岛妈祖庙

如意

木兰陂

湄洲女为纪念妈祖，祈求丈夫出海平安归来，会将头发盘在脑后，形成船帆的形状。她们还穿着代表大海的蓝色上衣、上红下黑的宽大长裤，因为妈祖生前最喜欢穿红色长裤。她们告诉我，之所以只穿半红裤子，是因为她们敬重妈祖，不能完全模仿她穿全红的裤子。

木兰陂

木兰陂是一项古老的工程，与迪斯尼动画片《花木兰》的主角并无关联。北宋治平年间，长乐人钱四娘和林从世分别在木兰溪尝试筑坝，但因选址不当而未能成功。1075 年，侯官（今福州）人李宏应诏来莆。他吸取了钱四娘和林从世的教训，又得到了高僧冯智日的帮助，历经 8 年艰辛，最终建成了这座长达 219.3 米、拥有 32 个水闸的大坝。这座位于木兰溪上的水坝，灌溉了 16.3 万亩土地。莆田人为纪念钱四娘、林从世、李宏和冯智日四人，修建了木兰陂纪念馆。

✡ 九鲤湖飞瀑

九鲤湖飞瀑

仙游与永泰之间的群山，为旅人呈现了一场视觉盛宴。这里有风景如画的湖泊、山泉、森林，还有壮美的九鲤湖飞瀑，其中最长的瀑布长达 10 公里。探险者对这里的洞穴赞叹不已，书法爱好者们则对镌刻在悬崖和岩石上的古老题词乐此不疲。即使像我这样“没文化”的外国人也能欣赏到较新的“作品”，如“潘宏 2012”。

相传，汉代有兄弟九人在此炼制仙丹，而后跨鲤升仙，九鲤湖飞瀑因此得名。这个传说听起来有些可疑，为什么他们骑的是鲤鱼，不是白鹭或其他真正会飞的东西呢？或许那是条飞鱼吧！总之，一本宣传册声称九鲤飞瀑自古以来就以“鲤湖飞瀑天下奇”而“名扬海内外”。

在游览过九鲤湖飞瀑后，你还可以参观景区内的祈梦楼。

祈梦楼

据莆田人介绍，中国独特的“祈梦风俗”起源于两千多年前偏远的仙游地区。时至今日，僧侣们每天晚上还会在祈梦楼里铺设草垫、毯子和枕头，供朝圣者在此安睡，让他们如愿在梦中得到神灵的指引。

位于九鲤湖附近的这座寺庙独具特色，既奉祀佛教的神灵，也供奉道教的神灵，因此祈梦风俗并不局限于一种宗教。实际上，湄洲岛上的妈祖信众、澳大利亚原住民、美洲原住民等都有各自的祈梦传统。

中国古典工艺博览城

仙游县或许因坐拥九鲤湖飞瀑而声名远播，但这里巧夺天工的匠人们，尤其是工艺博览城里的那些技艺精湛的工匠们，同样让人津津乐道。仙游县是中国最大的木雕生产基地，也是中国传统红木家具的主要产地之一，曾制作出让法国王后玛丽·安托瓦内特（Marie Antoinette）叹为观止的华丽红木雕花架子床。你是否考虑购买一座气势非凡的红木黄铜老爷钟？它们确实价格不菲，但绝对有资格成为传家宝。

莆田特产

在告别莆田之前，不妨购置一些当地的特产。

莆田素有“荔城”的美誉，只因这种水果曾让中国皇帝都头痛不已，远胜于夏娃的苹果给亚当带来的困扰。

1000 多年前，唐朝一位妃子喜欢吃荔枝，为了让这位妃子享用到新鲜荔枝，皇帝不顾一切地在遥远的南方和长安（今西安）之间发起了一场用时最短的骑兵接力赛，让人快马加鞭地从莆田运来新鲜的荔枝。

诗人郭沫若（1892—1978）曾写道：“荔城无处不荔枝。”时至今日，莆田人对荔枝的喜爱依旧不减，甚至有人将它炒来食用。

莆田除了荔枝外，还有仙游的金沙薏米（自宋代开始种植）和南日鲍；仙游皮蛋黑中带蓝，气味虽似马尿，但煮入米粥后异常美味；文旦柚甘甜可口，曾是贡品；还有兴化米粉、广受欢迎的莆田红团；等等。

每逢腊月二十七或二十八，莆田家家户户都会制作红团（在丧事期间，则制作白团），迎接春节的到来。红团的馅料通常有绿豆、红豆、红薯、糖糯米或猪肚（如今较为罕见）。红团在春节、元宵节、婚礼、婴儿满月、生日和乔迁等喜庆场合也备受欢迎。

古树名木 严加保护
种名 荔枝
科名 无患子科
学名 Litchi chinensis
国家保护级别 一级
编号 00002
监管单位 莆田市文体局
莆田市建设局
福建师范大学地理科学学院
二00三年七月

ISAIAH

第七章

宁德

山海交汇处

在宁德，我可以花上数月时间，或悠游于拥有千年道观和古老摩尼宫的太姥山，或沉醉在霞浦美丽的海滩、美味的海鲜和无与伦比的漂流体验中。此外，周宁县的鲤鱼崇拜文化、九龙漈瀑布（“中国少有”“华东第一瀑”），还有可以“踏水而行”的白水洋，及成群的鸳鸯和猕猴，都是不容错过的精彩。

令人欣慰的是，如今前往宁德比 1994 年时要便捷得多。记得当时，我在国道上开了两天车，而闽北的国道大多是土路，四五排卡车和小汽车在仅够两车通行的狭窄空间里争相前行。我庆幸自己当时拍摄了照片和视频，如今福建的道路状况与当时相比，变化大得连年轻一代的福建人都难以置信。

当时宁德的道路是福建最崎岖难行的，这一点并不令人感到奇怪。福建素有“八山一水一分田”的说法，而宁德因山更多地更少，甚至有“九山”之说。这里的水都是飞流直下的，这也是宁德瀑布众多的原因。

福建的道路仿佛是由一连串弯道编织而成的，让人不禁想问，为何还有那么多地方特意张贴“前方弯道”的指示牌。在福建，“前方弯道”的指示牌就像在说“头上有天”或“脚下有地”一样。

宁德曾是中国 18 个集中连片贫困区之一。然而，到了 2000 年，宁德开始迎来繁荣，道路的改善也让宁德成为我在福建最喜欢的地方之一。

2005 年，我驾驶一辆满载外国朋友的面包车，历经 8 个小时从厦门抵达宁德。我们又徒步 8 个小时，翻山越岭，乘船过河，最后搭帐篷露营。我的目的是让他们亲眼见证昔日贫困的宁德所取得的巨大进步，宁德蜕变的秘诀究竟是什么呢?

宁德的 1988 年至 1990 年

1988 年，在帮助厦门进行了 3 年经济建设和环境改造之后，年轻的习近平被委以重任——帮助宁德摆脱贫困。

确保扶贫政策和计划能够惠及每个村庄的每个家庭，是一项艰巨的挑战。为了应对这一挑战，习近平亲自走访了宁德的广大乡庄，他甚至在田间地头与农民一起锄地，坦诚地讨论具体问题和可能的解决方案。习近平深知，脱贫的关键是避免过度依靠援助。虽然在一开始，依靠援助是不可避免的，但长期如此会助长依赖性并导致精神贫困。因此，提升当地劳动者的技能和能力，激发内在动力，提供基础设施，才能帮助贫困人口自主脱贫。

习近平全心全意地帮助宁德。他指出一个乡政府挂了不少不是经济建设方面的“优秀”和“第一”的锦旗。1992年，他在《摆脱贫困》一书中写道：挂了那么多锦旗，少了经济建设这一面就不风光。说得客气些，有苦劳，没有功劳。干工作，主次不分，不抓住根本，那就是“瞎忙乎”。

习近平基本走遍宁德所有的乡镇，进行了全面的调研，并向专家请教，最终提出了一系列务实且有针对性的建议。他关注到古田的香菇，霞浦的香菇、紫菜、榨菜，福安的电机，以及柘荣的药业等，为这些产业的发展出谋划策。为了确保各行各业的持续发展，习近平不仅牵头改善教育、技术培训和医疗保健，还铺设了新道路，使我在十年后得以顺利探访宁德。

习近平强调，必须保护好宁德的自然环境，以发展民宿、漂流活动，销售当地文化产品和手工艺品等多种方式，来促进文化旅游的发展。

宁德共有46个民族，包括汉族、畲族、回族和壮族等。习近平发现，少数民族尽管享受到一些特殊待遇，但也会因地理位置偏远或文化和语言上的障碍而面临发展上的困难。习近平在提出改善教育和医疗条件的同时，也特别强调保护当地具有民族特色的文化遗产。

习近平对宁德的憧憬结出了硕果。2022年，宁德的水果产量达到63.84万吨。2022年，宁德的食用菌产量达21.84万吨，茶叶产量也高达12.68万吨，超过了福建其他地区，其他各种农产品的产量也都是数以吨计的庞大数字。宁德的海岸线长达1046公里，海产品闻名遐迩。2022年，宁德生产了包括大黄鱼、石斑鱼、对虾、蛏子在内的600多种海产品，总产量超过100万吨。2023年，宁德地区生产总值突破3800亿元，比2022年增长8%以上。昔日的贫困地区如今已成为世界上最大的锂离子电池生产商——宁德时代的所在地。

经济的蓬勃发展造福了畲族等偏远少数民族。他们现在有了通往村庄的水泥路、新建的学校和更完善的医疗服务。我亲自去看望了一些畲族人，他们住进了政府补贴盖成的新房子，并在自己选择的领域接受了职业培训。

后来，宁德成功脱贫的经验被推广应用到了中国其他地区，如宁夏。尽管一位联合国代表曾一度认为，宁夏毫无发展希望。2016年2月3日，世界经济论坛指出："二十多年来（1990—2015），中国一直是全球脱贫事业的中坚力量……在此期间，全世界约有11亿人成功摆脱了贫困，其中每五个人中就有三个是中国人。"

换句话说，中国的脱贫人数占全世界总脱贫人数的五分之三，而这一成就在很大程度上归功于在宁德地区试验和磨炼出来的经验。

在公路取代水路成为主要交通方式之前，宁德曾是福建的经济和文化重镇。之后的岁月里，宁德一度衰落。如今，随着海上贸易的持续增长和高速公路的大规模建设，宁德再次焕发生机，重回人们的视野。

宁德的美食

宁德的海岸线延绵不绝，海鲜自然成了餐桌上的主角，对此，我丝毫不感到意外。朋友曾向我透露，宁德的美食种类繁多，即使是最普通的海鲜，其味道和色泽之丰富，足以让人花上 3 天时间才能尽兴品尝。我想，他们大概是打算在一顿饭的时间里，让我尝遍 3 天量的海鲜美味。

我们品尝了海参冬瓜汤，海参嫩滑、冬瓜软烂，鲜美可口。

我的同伴们巧妙地用牙签将血蚶肉从壳里挑出，只见鲜红的血液喷涌而出。主人滔滔不绝地讲道："煮血蚶可是门技术活。煮得太久，血就干了。煮得不够久，壳又打不开……我们这血蚶叫作'珍珠血蚶'，大小适中，肉多血足。"

继血蚶之后，依次摆上桌的是新鲜的芦笋、鲜嫩如水果的竹笋，以及各式各样的肉和蔬菜，接着是草菇、黑木耳和蘑菇等山珍。我最喜欢的是宁德煎饼——用洋葱、南瓜、鸡蛋、藕粉、虾仁、红薯粉、花生等做成的又大又薄的煎饼。

主人对当地特产米醋也赞不绝口。他们赞叹道："这醋啊，年份越久越酸，喝起来越美味。"顺便一提，在中文里，"吃醋"一词也被用来表示嫉妒。这个说法，源于唐太宗时期宰相

✿ 海上渔船

房玄龄与夫人的故事。

甜点时分，我们品尝了宁德的龙眼。他们说，这些龙眼是“这一季的最后一批，也是最好的”。

饭后，当主人向店里的女服务员表示感谢时，我感到非常惊讶，这一举动凸显了宁德人的礼貌和谦逊。在向众人表达了我的谢意后，我回到了入住的闽东宾馆。

黎明时分，我的美梦被窗外菜市场的喧嚣打断——喇叭声、自行车铃声，还有小贩的叫卖声此起彼伏，好不热闹。我使劲把耳塞塞得更紧，紧得几乎要从鼻子里钻出来，但喧闹声依旧无孔不入。无奈之下，我爬下床，穿好衣服，决定到外面走走。

远处的山峦绵延起伏，郁郁葱葱，让我想起了夏威夷，后来看到的海滩也让我深有同感。然而，夏威夷至少在午饭后才唤醒沉睡的人们。我在享用了一顿丰盛的早餐后，慢慢发现了宁德的美。

若是午餐，我可以品尝海参汤，挑血蚶肉，甚至享用海蜇和沙蚕（加少许辣椒酱）。但刚起床的我，更需要的是熟悉的吐司、鸡蛋和咖啡，而不是粥和鲤鱼唇。

闽东宾馆的自助早餐确实有鸡蛋——确切地说，是皮蛋。《福布斯》杂志曾评价："凝胶状的蓝黑色皮蛋带有强烈的氨味，堪称世界上最难以下咽的美食。"对此，我并不赞同。瞧，我开始喜欢把皮蛋切片，拌入花生粥中。味道真是美妙！

女服务员注意到我是外国人，热情地给我端来一杯咖啡，但里面的糖比咖啡还多 4 倍。当我询问是否可以来一杯黑咖啡——不要奶油也不要糖时，她给我端来了一杯比黑洞还要深邃的饮品，其中的咖啡因让我精神焕发，甚至在早餐时分，我就已经准备好吃掉自助餐桌上各式各样的美食。

我大快朵颐，吃了菜包、肉包、小鱼干、苦瓜、羊肚条、胡萝卜片、黄瓜片、猪肚、饼干、蛋糕、西瓜、哈密瓜，还有酱油拌豆腐。在尝遍了 30 多道主菜的一半之后，咖啡因和味精让我兴奋异常，我随时准备前往三都澳。

宁德的美景

三都澳：水上世界

早在1000多年前的唐朝，三都澳便已开发，1684年在此设立宁德税务总口，下辖9个口岸，1898年开放为对外通商口岸。三都澳位于中国海岸线的中点，地理位置得天独厚，拥有广阔的海湾（面积达714平方公里），看似一片汪洋，但由于只有一个狭窄的入海口，这里波澜不惊。

作为世界上为数不多的天然深水港之一，三都澳也是世界上最深的不冻港，其主航道水深介于30至115米之间，能够满足30万吨级的巨型船舶停泊和航行。与其他许多逐渐淤塞的大港不同，三都澳港口的水深每年都在增加。

三都澳以其得天独厚的条件，于1898年正式开放为对外贸易港口，并设立了福海关，成为中国20世纪海上贸易的引领者。一夜之间，这个港口就吸引了美国、英国、德国、俄罗斯、日本、荷兰、瑞典、西班牙和葡萄牙等13个国家在此设立商业银行，以及20家大公司的子公司。

然而在20世纪30年代，日本人的轰炸机将这里夷为平地，三都澳从此一蹶不振。在20世纪40年代，这里曾拥有3万人口，但到了20世纪90年代末，人口减少至2万。我到访之时，也许是因为岛上驻扎着大量海军，这里仍然禁止外国人进入。幸运的是，我当时正与福建电视台合作拍摄一部关于福建的纪录片，所以有幸能参观此地。

令人欣慰的是，三都澳如今已向游客敞开大门，非常值得一游。

✲ 三都澳

中国最大的海上渔村 东道主慷慨地支付了230元——相当于当时当地人整整一个月的工资，让我们得以乘坐一艘配备150马力雅马哈舷外发动机的小船，往返三都澳。我们的第一站是中国最大的海上渔村。

一些生活在这个海上渔村的居民从未踏上过陆地。他们有自己的水上餐厅和商店，还有急救服务。当然，在中国，人们遇到火灾，拨打的是119而非911，需要查询服务拨打的是114而非411。

海面平滑如镜，周围的岛屿守护着生活在海面上的渔民，保护他们免受最猛烈风暴的侵扰。即便如此，这些建造在海上的村庄依然让人惊叹不已。它们看起来不过是先用竹子和铁丝搭好框架，再用木头和油纸建成的简易棚屋，而棚屋则固定在泡沫塑料上。有些渔船是用现代的玻璃纤维制成的，有些则是锈迹斑斑的铁船，似乎是漫长岁月里长期进化的产物，而非特意设计的。

长臂奇观 我们告别了海上渔村，穿过平静的水面，抵达斗帽岛。斗帽岛的名字源自一块形似中国古代县令官帽的岩石。岛上除了这块岩石，最引人注目的便是一块空心巨石。一名游客站在石头旁，把手伸进石头里，而隐藏在石头中的另一人则将手臂从洞中伸出，让人觉得站在石头旁的游客的手臂尤其长。

✿ 海上渔村

三都岛盛宴 中午时分，我们在三都岛上岸，开启了一场无与伦比的海鲜盛宴。菜单上的菜品琳琅满目，贝类数不胜数，对虾的个头堪比小龙虾，还有产自当地大型海藻养殖场的嫩绿海带结，甜点则是三都澳荔枝。

西班牙天主教堂和修道院 导游最终帮我摆脱了餐桌上无休止的“干杯”，带我来到岛上天主教堂和修道院的所在地。这是 20 世纪 30 年代日军轰炸后为数不多的幸存下来的建筑。

这是一座西班牙风格的石制教堂，左侧有一间教长办公室和一座古老的小礼拜堂。而教堂后方，曾经的修道院如今已是“天老园”。一位年长的修女引领我们参观了内部的房间和庭院，庭院里有干涸的大理石喷泉、灌木和花盆。

在左侧的小礼拜堂前，矗立着一个巨大的十字架，侧面墙壁上则描绘着耶稣生平的十个场景，每个场景上方都悬挂有十字架。十几位年长的女士和几位少女正诵念着经文，进行祷告，这一幕让我想起了佛教的诵经仪式。

霞浦之旅

第二天清晨，在前往霞浦的路上，我目睹了一位老人牵着一头老水牛穿过薄雾。他头戴一顶破旧的竹帽，露出一张瘦削的脸庞，宛如用苹果干雕刻而成的老者人偶。他身披一件手工编织的棕榈蓑衣，腰间别着一把木柄铁镰。我急踩刹车，试图拍下他的身影，但他如同幽灵般，悄然消失在迷雾的深处。

河的对岸，有一座宏伟的装饰着蓝色玻璃的教堂，其上矗立着一个巨大的白色十字架，高耸入云。我绕了些路，驶入小镇，希望能拍下一张特写照片。然而，我犯了一个错误。

✿ 修道院

狭窄的主干道上人头攒动，自行车、摩托车、三轮车、公交车、出租车和小商贩挤满了街道。我花了十分钟才得以摆脱这里的拥堵，逃回了大路。

如今，宽阔的高速公路纵横交错，连通了福建省的每一个城镇。然而在当时，通往霞浦的仅是一条狭窄的双车道柏油路。它蜿蜒于泥滩之上，穿梭在连绵不绝的山峦之间，道路简直像是打了结。远处的田野里挂满了葡萄架，山坡上的茶树绿意盎然。在这片景象中，巨大的混凝土塔架正缓缓向海湾盆地延伸。几年后，当我再次踏足这里，我可以直接穿越山间的隧道，在高架公路上自由驰骋，俯瞰山谷、沼泽和鱼塘。让我尤为欣喜的是，无论身处沿海的福建，还是在最偏远的中国西部省份，中国新建高速公路的沿途都无一例外地展现出优美的景观。驱车穿行在四通八达的高速公路上，仿佛是在无边无际的花园中漫步。

路上，一位衣着简陋、戴着线框眼镜、撑着一把破旧雨伞的老人，肩上担着一篮蕨类植物，向我微笑，他那深邃的眼神让我深受震撼。他可能从未上过学，但眼神中透着智慧之光。我们常常轻易地认为，这些默默无闻的农民是理所当然的存在。

✿日落下的霞浦滩涂

但在20年前，或许许多天赋异禀的人是因贫困而受限，才失去发展的机会。如今，看到许多昔日贫困的农民过上了小康生活，我感到非常欣慰——这不仅很大程度上得益于自上而下的政策，还得益于每一个人向上的努力。

霞浦女与贻贝 在霞浦县入口，两位霞浦外事办的工作人员接待了我。在为丰田面包车加满油后，我在宾馆的餐厅填饱了肚子，并明白了为什么长期居住在厦门的英国人斯科特·巴兰坦（Scott Ballantyne）会对霞浦的海鲜赞不绝口。

鱼面是我最喜欢的一道菜。主人说："鱼面在闽东随处可见，但霞浦的最好吃，因为我们有最新鲜的海鲜。血蚶也是如此，虽然从闽南到北方的大连都有出产，但还是霞浦出产的最为上乘。"

他旁边的司机补充说："霞浦的美女也很有名气。这是因为我们这里有纯净的水、清新的空气和干净的土壤。"他的话让我想起了龙岩人夸耀客家女的场景。

在结束关于霞浦美女的话题之后，我们开始吃贻贝、鱼、螃蟹、油炸龙须菜和扁肉。"今天的贝类可能不太理想，"主人带着歉意说，"昨天的台风搅动了海底的淤泥。"他说得好像我能分辨出来似的。

在我们用牙签从不走运的贝壳里挑出美味的贝肉，并将几十种海鲜一扫而光的同时，我也慢慢了解了霞浦的历史。我惊讶地发现，偏远的霞浦曾经是闽东的政治、经济、文化中心，在三国时期曾是东吴的造船基地，史称"温麻船屯"。一块刻有古汉字的石头证明，霞浦的历史非常悠久。

日军的轰炸导致海上贸易中断，加速了霞浦的衰落。但与整个宁德市一样，霞浦县也将希望寄托在福州至温州的高速公路上，期待它能带动经济的复兴。

如今，霞浦拥有近48万人口，下辖3个街道、6个镇和6个乡，其中有3个畲族乡，分别是盐

✿ 可口贻贝

田、水门和崇儒。

空海大师纪念堂 804年，日本佛教真言宗创始人空海大师在西渡中国时遭遇海难，幸得霞浦人民救助。空海大师随后前往长安（今西安）附近求学，后回到日本，创立了真言宗。

为纪念空海大师，中日双方共同出资在霞浦县赤岸村修建了空海大师纪念堂。如今，日本的朝圣者每年都会来此两三次，回国时还会带上一小袋沙子作为纪念品。这里的物品都附有日文价格标签。一尊木制的空海大师雕像价值43万日元，1994年从日本引进的一些刺绣品每件售价高达20万日元，一盏镀金铜吊灯的价格则是21万日元。

空海大师被传颂为奇迹创造者，据说曾为遭受旱灾的农民引来清泉。这个故事确实有一定的历史依据，但空海大师并没有像当地盛传的那样使用了法术。818年，日本四国岛最大的水库被洪水冲毁，在多次修复失败后，当地人空海应召前往协助修建。他最终成功了，他真正的“法术”其实是与老百姓建立良好关系。他出身名门，却放弃富裕生活，成为一名苦行僧，因此深得日本百姓的信任和爱戴。

摩尼教遗迹 泉州拥有世界上最后一座摩尼教寺庙，而在过去几十年里，宁德也因摩尼教遗迹而闻名，包括太姥山顶一座拥有千年历史的摩尼宫（现供奉太姥娘娘）、芹屿村的摩尼教石刻，以及霞浦的两座摩尼宝塔遗址——上万村建于1520年初的三佛塔和北洋村建于1374年的飞路塔。飞路塔上刻有“清净光明”“大力智慧”的字样。

上万村还有一座元代摩尼教乐山堂，在2006年被台风摧毁。值得庆幸的是，当地人在20世纪90年代初拍摄了照片，供后人瞻仰。

虽然宁德人早已知晓他们的摩尼教遗产，但直到2008年10月，全世界才得知霞浦上万村有摩尼教文献、文物与古遗迹。其中的祭文是在摩尼教教主林瞪（1003—1059）的祭祀仪式上使用的，时至今日，柏洋村、塔后村和上万村的村民仍然使用这些祭文，当地也依然传承祭拜林瞪墓的民俗活动。

2016年，宁德屏南县又发现3部摩尼教典籍；2017年，宁德高山镇也发现35部

摩尼教典籍。《摩尼光佛》是霞浦出土的篇幅最长的手抄本之一，共有83页，8400多个汉字。

摆渡人 霞浦的竹排和榕树堪称一绝，但这次旅行最让我印象深刻的是抽烟斗的摆渡人陈先生。

他年过七旬，却仍每天在河上摆渡。他会忙里偷闲，抽上几口竹水烟。每次抽烟，他会往烟斗里塞一撮绿色的烟草，小心地窝起手掌挡住风，然后点燃火柴。虽然过程看似烦琐，但他在烟雾缭绕陶醉的样子，令人羡慕不已。我不太喜欢烟草味，但它确实让我想起了我父亲的烟斗丝。

杨家溪竹筏漂流 竹筏漂流项目的导游李女士，撑着一把紫色的遮阳伞，手里拿着一个扩音器，一直对着我的脑袋说话。其实我们离得很近，她完全可以小声地对我说。

村里的孩子一直跟在我们后面。他们浑身都是戏，活泼得像猴子，兴高采烈地在一棵奇异的榕树上摆出各种姿势供游客拍照。我夸他们眼睛明亮、皮肤白皙。旁边一位老者自豪地说："因为我们这里空气好，水也干净。"

"那土壤呢？"我调侃道。

他答道："当然好了，有很多矿物质，你知道的。"

或许，闽东人铁骨铮铮，就源于这富含矿物质的土壤。

我们登上竹筏，李女士拿起扩音器，直接对着我的脸说："1998年8月，杨家溪被列为第二批国家重点旅游风景区。"

我回应道："我希望这竹筏是一流的，毕竟我的泳技不太行。"

她没太在意我的玩笑，继续例行公事地说起福建导游都会提及的"纯净水"。"这水是纯净的山泉水，非常清澈，不用煮开就能直接饮用，还有药用价值！"

✿杨家溪之美

我看了看溪水，说：“可它看起来挺浑浊的。”

李女士解释说：“那是因为台风搅起了淤泥。”

“那我就假装它是咖啡吧。”我调侃道。

我从未低估过中国人，霞浦的卡车司机更是让我惊叹不已。他们将卡车直接开到溪边，然后经由大坝驶过溪流，而那条大坝极窄，我连走上去的勇气都没有。

河岸两侧长满了野生枇杷。到了枇杷成熟的季节，只需花上几元钱，你就能尽情采摘，直到吃不下为止，只是不能打包。

虽然李女士就坐在我身边的竹椅上，但她还是把扩音器伸到我耳边说：“那些岩石、悬崖和山丘都有名字。”

对此，我并不感到意外。在中国这片古老的大地上，每一处自然景观，无论是沉寂了几年还是几千年，都有自己的名字。

李女士介绍道：“龟岩后面的那座山叫金牛山。”我插嘴道：“那座山是灰色的花岗岩，并不是金色的。”她提高了音量，仿佛没听见我的话似的，继续介绍：“左边的岩石像一条怀孕的蟒蛇侧骑在鳄鱼身上。悬崖上的岩石如同一顶鸳鸯帽，也可能是一座坟墓。那边的山坳里有条‘哭泣的鲤鱼’。”

我们的导游完全忽略了一个风景如画的小瀑布，可能是因为它没有让她联想到怀孕的独角兽或长生不老的海龟。

李女士接着说：“到了八月份，那边的小岛上到处都是蝴蝶。”

我回应道：“可现在就是八月啊。”

她解释说：“虽然是八月，但现在还不是时候。”说着，她把扩音器的音量又提高了一档，显然是出于报复。

李女士继续说：“到了秋天，树叶会变成红色和金色，到了十二月，鸳鸯们会飞来。”

漂过下坪杨村，就快到千年古刹观音寺，我正听着李女士的讲解入神时，船夫突然说：“我们现在得回去了，台风把海水搅得太凶了。”

在通往停车场的林间小道上，整齐有序的周遭环境让我想起了德国的森林，那里的鸟儿仿佛按照钟点鸣叫，一切都井然有序。然而，这里的森林并不宁静。蝉鸣声此起彼伏。

不久，我就离开了美丽的霞浦，告别这里的老老少少，但我暗下决心，今后一定要常常回来。

✿ 多彩的大地——杨家溪滩涂养殖

太姥山：海滨奥林匹斯山

离开霞浦，我便驱车前往福鼎的太姥山。

难怪成千上万的人选择在太姥山度假。据说古代的神灵也在此聚会，因此太姥山也被誉为“海滨奥林匹斯山”。太姥山风景区拥有太姥山岳、九鲤溪瀑、花岗岩峰林、岩洞、福瑶列岛，以及文化遗址等。太姥山最出名的当属其奇峰，它们如同美国布莱斯国家公园的“仙女烟囱”一般高耸。但我感兴趣的，还是它们背后的传说和神秘故事，比如那条每天上午 9 点准时变蓝的小溪。

据《太姥山志》记载，太姥山曾被称为才山，是道教神仙容成子的居所。汉代王烈曾写道，尧时有老母种蓝于此，后仙去，才改山名太母山，后又改称“太姥山”。

太姥山的宣传册上也介绍道：“（山上）到处都留下了著名文人的墨迹。”这一点确实不假。从唐朝到清朝，文人墨客在每一块可以书写的岩石上都留下了墨迹。如今，中国人依旧不畏风雨，攀爬数小时，只为一睹古人在岩石上题下的“青天”或对自然、对社会的精辟评论。

太姥山拥有 36 座寺庙、一座唐代建造的“太姥娘娘”石塔，以及前面提到的摩尼宫。

古人云：“太姥无俗石，个个似神工。随人意所识，万象在胸中。”对此，我深表赞同。千百年间，充满想象力的中国人给每一块岩石都取了名字。山上 360 处奇景，包括夫妻峰、二神对弈、弥勒开怀、犀牛望月、高僧说法、九鲤朝天、二佛谈经、仙人锯板、金龟爬壁、玉猴照镜、金猫扑鼠、玉兔听潮、金蟾含钱树、金鸡报晓、一片瓦、牛背梁、太姥升天、迎仙峰等。

当我们登上太姥山时，口若悬河的导游小陈说：“你们很幸运，今天能看到夫妻峰。”接着，他指着山顶上的两根天然石柱说：“通常山上雾气太重，看不到夫妻峰。”

✡ 太姥山

“我猜下面那块石头就是那个怕老婆的丈夫吧？”我问道。

“你说得对。”小陈笑着回答，“但他并不是怕老婆。他谦卑有礼，是一个模范丈夫。”

我的朋友们劝我坐在山脚下的狭窄石椅上，这石椅有1100年的历史。“如果你坐在那里，”他们说，“就能多活300年。”

“那这300年间我会在哪里？”我好奇地问。

我挤进石椅，一个当地人问：“你感觉到震动了吗？这是一个天然的按摩椅。”但我只感觉到坚硬的花岗岩和浸湿我短裤的冰冷露水。

这让我想起了在泉州清源山听到的传说：“摸一摸老君岩的鼻子，就能活到120岁。”还有一次，在云南的石林中，有人告诉我：“如果你能挤过这个通道，且两边的墙都不碰到，你就能活到100岁。”我不小心撞了左边的墙，导游说：“只撞到一面墙，你能活到 95 岁。”接着，我又碰到右边的墙，她不动声色地说：“你还能活到 90 岁。”

国兴寺　当我们走近这座风景如画的寺庙时，铜钟的洪亮声响似乎穿越了天际。曾经有 360 根石柱树立在这里，几个世纪后，石柱不见了，国兴寺不断扩建，筑起围墙，铺设人行道，在小溪上搭建小桥。

导游跪坐在溪边的两口圆形花岗岩水井旁，向我展示一片片唐代、宋代和明代的瓦砾。他解释说，与早期瓦片上细腻的图案不同，明代的瓦片缺少这种图案。导游接着说：“考古学家们计划在下个月开始对这个遗址进行挖掘。”

一年后，当我再次登上太姥山时，考古学家们已经将整个区域挖掘了至少一米深，那里露出了精美的石质结构。如今，花岗岩水井已经高出地面，周围是一个古老的花岗岩庭院。两道铁栅栏守护着一棵苍老的千年铁树。

当僧侣们发现我会说中文时，他们放松了很多。在我拍摄成年僧侣和小沙弥用餐的场景时，住持和他年轻的助手穿上了最精美的袈裟。然而，导游在旁边指导我如何拍摄每张照片——告诉我该站在哪里、如何选择合适的角度、怎样调整光线。他的表现让人觉得好像我从未接触过照相机一样。更糟糕的是，他总是正确的。不过，当我得知他不仅是一名导游，还是宁德最优秀的专业摄影师之一时，我才释怀了一些。

龙潭湖　在晴朗的日子里，龙潭湖宛如一面明亮的镜子，映照着周围被森林覆盖的群山。但我到的那天，湖面上有朦胧的薄雾。这个湖泊是由一个凹坝形成的，从这里可以远眺大海和太姥山附近的海滩，因此太姥山享有“山海大观”的美誉。

惊险“一线天”　我们在山顶的一座石亭中歇息，据说这座亭子是由一位受太姥娘娘启发而发家致富的香港华侨建造的。

我们在路边买了矿泉水，然后挤进狭窄的“一线天”。在中国几乎每一个较有名的山地度假胜地，都有这样一条裂缝，夹在其中的游客可以望见头顶一线细长的天空。导游说：“这个‘一线天’非常出名，连中央电视台都来拍摄过。”当他大声喊道“开始，我们现在从著名的太姥山为您现场直播……”时，周围的人都忍不住笑了起来。

我在“一线天”中艰难前行，导游开玩笑说：“超过110公斤的人可没办法通过这条裂缝。”我对此深信不疑。虽然我只有64公斤，但通过时仍然感到颇为吃力。

几块巨石在我们头顶上隐约可见，它们卡在裂缝中，岌岌可危。“这叫‘七星洞’，”导游解释道，“这些石头是从天上掉下来的。”

“但愿它们别掉下来，我们能平安通过。”我回应道。

裂缝和洞穴似乎永无尽头，但导游安慰我：“总共只有100多个洞穴，28天就能全部看完。‘三折腰’洞穴既狭窄又曲折，你得弯三次腰才能通过。”

面露“蓝”色 我们从“三折腰”出来，又进入一条异常狭窄的石缝。终于穿过石缝，我们在一座小石桥上停下了脚步，导游郑重其事地说：“每天早上9点，这里的溪水会变成蓝色，把一块白布浸入溪水中，取出来后的几秒钟内布都是蓝色的。”

他看出了我的疑惑，便详细解释道：“这种现象已经存在1000多年了，我亲眼见过，电视台也拍摄过。”

一位女士插话道：“我也见过，不过只在早上9点的时候。”

当我正在拍摄这条看似普通却充满神奇的溪流时，另一位女士说：“太姥山的太阳也与众不同。在世界上的其他地方，太阳都是平稳上升的，但在这里，太阳是分阶段跳跃上升的。”

“你真相信这个说法吗？”我问道。

“当然。”她回答，“我亲眼见过，不过只在凌晨5点的时候。”

我开始担心我们的徒步之旅真的需要28天才能完成。每走几步，我们就会停下来观赏“飞天蝙蝠”“金骆驼”或“黑猫警长”。突然间，浓雾袭来，我几乎连自己的鞋子都看不清，更别提导游了。他正全神贯注地、滔滔不绝地朗读关于太姥娘娘和大海的诗歌。

挑豆腐的和尚 当我奋力向上攀爬时，薄雾逐渐消散，一个爽朗的僧人挑着豆腐向我走来。他身穿一件白色T恤，上面印有中国帆船和“庆祝香港回归祖国一周年”的汉字。他剃着光头，穿着灰色抽绳棉裤和黄色拖鞋，让人一眼就能认出他是一位僧人。

✡惊险“一线天”

“你怎么能把这么多东西挑到这么高的地方来？”我问他。

他的笑声富有感染力，是治愈我萎靡不振的一剂良药。“今天算是轻松的，”他说，“只挑了 23 公斤，平时都是 45 公斤。”

这名僧人来自霞浦，已在太姥山上修行三年。我不清楚他挑着一担又一担的豆腐能获得怎样的精神修炼，但当我到达山顶的寺庙时，很快就品尝到他挑的美味豆腐了。

望仙桥 接近太姥山山顶时，导游坚持要带我绕道去看一座桥。“我已经看过很多桥了。”我表示拒绝。

“没错，但这座是望仙桥，是通往天界的。那里的风景也是最好的。”

我顺从地跟着他走到了所谓的“桥”上，这座“桥”其实只是在岩石上面修的一个小护栏。导游引用了一首长诗，并向我解释其含义，大致意思是：在晴朗的日子里，你看不到天，也看不到地，因为这里天地相连，这是连接天地的桥梁。

我所见到的，只有再次涌来的浓雾，像湿润的毯子一般包裹着群山。我无法分辨出方向。但当迷雾散去，我看到了一位老和尚，他看起来和我一样困惑，我似乎找到了一个同病相怜的伙伴。

一群大声喧哗的年轻人飞快地跑过，差点踩扁了我一直在观察的那条沿着小路缓慢爬行的长 15 厘米、黑黄相间的美丽蜈蚣。太姥山的野生动物变得稀少了。火灾和伐木破坏了太姥山的原始森林。现有的树木（除了稀有的黑竹、方竹等奇特树种）都是大规模飞播造林的成果。虽然这里的老虎可能已经永远消失，但较小的动物正在逐渐回归。几年后，太姥山可能会再次出现鹿、野猪和野猫的身影。

山顶体验 在太姥山山顶，有一座被青苔覆盖的寺庙，它看起来似乎比太姥山本身还要古老，始建于唐朝开元十三年（725）。这座古老的建筑静静地坐落在一个小菜园之后，菜园里种着蔬菜、药草，以及许多灌木和鲜花。

神像韦驮用他的手杖指着地面，仿佛在欢迎我们，示意我们如果愿意，可以在这里用餐和休息。一阵惬意的凉风撩起薄雾，吹拂在寺庙的周围。我本可以在树荫下舒适地蜷缩着休息，谁知此时，一群“幼儿园小朋友”来搭讪。这是我所见过的最为奇特的“幼儿园小朋友”。

一日为师，终身为师 一位老师在与一群20多岁的人合影。她告诉我，这些人都是她幼儿园的学生。

“幼儿园的学生？”我问道，“年纪这么大？”

“这是我和我20年前的学生的聚会。”她解释道。

只有在中国才能看见这种场景！在中小学和大学里学习了二十年，我只记得几个老师的名字。但是，如果你是中国人的老师，你教过的学生会成为你一辈子的学生，他们永远不会忘记你。只有在中国，商店货架上才会摆满写着“敬爱的老师”的贺卡，学生们一年四季都在赠送这些贺卡。毕业后，学生们会在教师节那天带着贺卡、鲜花或礼物出现在你的家门口。我收到过中国学生从北京、上海、四川、纽约、布鲁塞尔，甚至芬兰寄来的贺卡。他们表现得好像我不是30年前教他们的老师，而是昨天才刚刚教过他们。我确信，就像伯特兰·罗素一样，我从中国人身上学到的东西比我教给他们的还要多。幸运的是，他们没有向我收取学费——至少目前还没有。

挑豆腐的和尚（续集） 当我们在寺庙的餐厅再次相遇时，那个挑豆腐的和尚已经换上一身整洁的僧袍。他咧嘴一笑，把一张木凳摆在我面前，大声说：“坐下。”他的声音听起来像是DJ在打碟，又像人们在对自己的杜宾犬说“跟上”！我笑着解释道，通常人们会说“请坐”。

他不好意思地笑着说：“啊，请坐！”然后他消失了片刻，再次出现时，手臂上搭着一条干净的毛巾，在我面前放了一个大塑料盆，里面装满了热气腾腾的水。我以为他会说：“洗干净点！”但他只是把毛巾递给我，然后默默地进了厨房。那里有8口巨大的铁锅，架在巨大的烧柴火的灶上，有宴席时才使用。今天人不多，所以厨师只使用了一个普通的樱桃红铝锅，放在煤气灶上烹饪。你可能会想，他们修炼了那么多功夫，应该能变出一团火焰来。而哈利·波特可能会念出咒语：“火焰熊熊！”

这些僧侣显然已经了解美食的意义，从素贝肉开始，每一道菜都经过他们的精心烹制。这些素贝肉用豆腐等豆制品制成，无论形状、颜色还是质地，都与真正的贝肉一样，但味道有所不同。素贝肉之后，是一盘丰盛的清炒蔬菜。“这些都是纯天然的，”住持说，“今天刚从我们自己的菜园里采摘的。”

我们品尝着茄子、几种野菜、软糯的白米饭和面条（面条很长，象征长寿），大快朵颐。我们中的多数人都喝了当地的福鼎白茶，令我惊讶的是，有几个人点了酸奶饮料。20 世纪 90 年代初，有人声称中国人有乳糖不耐受症，但我对此表示怀疑，因为他们在麦当劳和必胜客消费了大量的奶酪。

在迷雾中，僧侣们吟唱着催眠般的曲调，那曲调始终如一。伙夫留着山羊胡子，穿着 T 恤衫、僧侣裤、拖鞋，手上套着佛珠和防水手表。他笑盈盈地走来，递给我们一张账单。

“美丽少女之谜” 我们抵达摩霄峰上拥有千年历史的摩尼教圣地时，就连导游也已经气喘吁吁，但这并不妨碍他吟诗作对，并催促我拍摄巨石上的一道笔直裂缝。他兴奋地说：“这是世界上独一无二的裂缝。”

“这只是岩石上的一条裂缝。”我抗议道。

“不仅仅是一块石头，”他坚持说，“这就是闻名海内外的‘美丽少女之谜’，苔藓就是她的头发……你一定要拍张照片。”

“这跟龙岩的冠豸山比起来，简直是小巫见大巫，”我说，“冠豸山有一对，男生女生都有。”

导游听后十分生气，在接下来的时间里再也没有为我吟诵过一首诗。

我们从摩霄峰下来时，导游尽职地指着形状奇特的岩石问：“你看到了什么？”

“石头。”

“不，是神龟。你在那边看到了什么？”

“还是你告诉我好了。”我已经厌倦了思考山丘和岩柱的形状及名字。我并未意识到自己即将中暑倒下，只知道自己想尽快回到酒店。导游竭力劝我踏入阴凉的洞穴，去观赏那些奇石——仙石、青蛙石或攀附在悬崖上的狐狸石，但我不为所动。

过了一会儿，导游指着悬崖上的一块岩石说：“这块岩石是从对面的悬崖上飞过来的。这是已经被科学证实的。”

随后，导游坚持要我们向右转，绕道前行，但我知道原定路线，于是继续向前走。他在我身后抗议:“你错过了一个我们本可以探索数小时的洞穴。”

走着走着,他紧紧抓住我的胳膊,坚持说:“你一定要爬到那块岩石上看看,景色非常好。”他确实没有夸张,那是我整个旅程中看到的最美的一处风景。我拍了几张照片,导游继续带着我们沿着花园小径前行。

走到公园出口处的人行道旁,纪念品店和照相馆鳞次栉比,我们顺便逛了逛导游自己的店,里面摆满了各式木制、竹制手工艺品,以及相机配件。然而,他最珍贵的财富是那些精心整理的相册,里面记录了他多年来的点点滴滴。如果你有机会去太姥山,不妨去找他。

福鼎新面貌

福鼎的主干道两侧,新建的私人高楼一栋挨着一栋。闽东人,尤其是来自福鼎的闽东人,都有着打拼精神。我第一次造访福鼎时,这里就有 8 万多人在日本工作,另外还有 11 万人在美国打拼。

福鼎的每个地方都有自己的特色产业。白琳镇拥有丰富的玄武岩资源。点头镇则有许多专门从事石雕的工厂。而前岐镇因盛产四季柚而声名远播。福建省中医药研究院表示,柚子具备多种益处,如静心、降血压、增进食欲、解酒,以及抗胆固醇等功效,因此被誉为“地球上的珍果”。

对于像我这样的怀疑论者来说,柚子的美味已将我征服。

福鼎还以工夫茶和出口双筒望远镜、单筒望远镜和显微镜的光学仪器公司而闻名。难怪福鼎被誉为一座有“远见”的城市。

我在福鼎一家酒店的餐厅享用了晚餐,那里铺着豪华的红色维也纳式地毯,壁炉和软垫椅围着一张玻璃下铺着红色天鹅绒桌布的餐桌,这让我感觉更像置身于奥地利而非中国的餐厅。

福鼎的绿色海带新鲜得仿佛刚从水族馆捞出来,入口柔滑细腻。他们声称还拥有“全中国最美味的虾”,我选择相信他们。这些虾确实是天赐的美味,不过他们也提醒我,虾的品质会受到时间、潮汐等诸多因素的影响。

晚餐结束后，他们告诉我，原先的房间对于我这么尊贵的客人来说太小了，于是他们将我的房间升级为每晚 900 元的套房。我差点吓晕，后来才得知新房间由店家免费提供。

我的套房内设有麻将室、两间卧室和精致的雕刻家具，还有数个黄铜烟灰缸——我真想擦一擦它们，看看会不会蹦出个精灵来。卧室里摆放着一张豪华沙发、一张大化妆台，以及一台巨大的电视机。

浴室里有一个坐浴盆和一个仿佛来自外太空的淋浴器，它让人联想到电影《星际迷航》里的传送器。在舒舒服服地洗了个澡之后，我感到非常满足，准备入睡。可床头灯和电视的控制面板非常复杂，我一直没弄明白，最后只能开着灯睡到天亮。

古代的老外快递　伊本·白图泰曾说："对于旅行者而言，中国是最安全、最稳定的国家。一个人可以独自旅行长达九个月，随身携带大笔钱财，而不必为此担惊受怕……在这些旅店里，旅行者所需的食物应有尽有，尤其是鸡肉和鹅肉。然而，羊肉在这里相对罕见。"

第二天一早，出乎我意料的是，福鼎的政府工作人员不仅坚持要为我支付汽油费，还安排了车辆护送我，将我送到周宁县，在一座桥上把我托付给周宁的政府工作人员。这一幕让我联想到间谍电影中交换囚犯的场景。但福鼎的政府工作人员告诉我："确保你们安全抵达是我的职责。"

然而，这不仅仅是因为职责。我惊讶地发现，在中国各地，甚至普通中国人都会对素不相识的外国游客主动伸出援手。

在厦门，就有一个中国人自掏腰包帮助一个美国游客好几天，甚至支付了他的许多餐费。临别时，那个美国人表示了感谢，那个中国人却回答："没什么。如果我在美国迷路或需要帮助，我相信美国人也会这样做。"

但愿如此。

走进福安

我沿着104国道向南驶向福安时，坦洋村附近如明信片上的风景和芹溪村如瑞士木屋一般风格的民居让我着迷。

公路不断攀升，让我很难相信闽东的最高峰还不到2000米。连绵的山峦在我面前巍峨耸立，公路在我身后蜿蜒至远方的山谷。我仿佛化身为真正的冒险家，经过一座新教大教堂时，发现一个多世纪前就有某个被遗忘的传教士骑马来到这片土地上。

我热爱古老的闽东公路，因为每一公里都呈现出独特的面貌。在一座山丘上，一位老者坐在竹制摇椅上，摇椅后是一栋有百年历史的低矮木屋，它已经被

✡ 晒茶

岁月熏黑，而且显得异常幽暗，就像一个用木头制成的黑洞，似乎在吞噬着光线和时间。但中国人并不缺时间。

我猜想，在过去的5000年里，中国人已经积累了一些时间作为储备。美国人嘴上说“别着急”，但他们总是四处奔走；而中国人说“慢走”“慢慢吃”或“喝茶”时，他们是认真的，他们可以花一个小时用陶土杯喝茶。我常常为失去的时间感到焦虑，牢记查斯特菲尔德伯爵的名言警句：“珍惜好每一分钟，因为时光自会成就岁月。”但中国人告诉我“不要紧”，我开始怀疑，中国人热衷在吃喝上花费大量时间，是否真是在浪费时间。

1790年，威廉·布莱克写道：“荒唐的时光，时钟可以计量；而智慧的岁月，非时钟所能度测。”

中国人在细心品味生活，并未浪费时间。我希望自己有一天能学到中国人那种永恒而简约的生活秘诀——如果我有时间的话。但现在，我必须赶往周宁。

周宁：高山明珠

周宁是福建海拔最高的县城，平均海拔800米，被誉为“天然空调城”，是度过闷热夏日的凉爽之地。

你一定会爱上这里的自然美景和历史文化遗产。在中国，鲜少有人会崇拜鱼且不将其作为食物。

我驱车沿104号公路行驶，然后向西拐入319号公路。319号公路蜿蜒曲折，穿过被翠竹覆盖的群山，越爬越高，我得以俯瞰山下城市的壮丽景色。随后，车子驶上山顶，再一路下到郁郁葱葱的山谷中。和大多数古老的福建公路一样，这条公路也沿着河流而建，但这条河别具趣味。光着膀子的年轻人在清凉的河水中嬉戏，河水在阳光下闪闪发光，溅起的水花宛如玛瑙，呈现出蓝色、紫色和绿色的光泽。

最终，我们抵达了一个宽阔的山谷，那里有一座颇具新英格兰风情的小镇。小镇至少拥有三座大型天主教堂，白色的十字架在数公里外都清晰可见。

在小镇西边的一座桥上，我的福鼎朋友将我交给了三位面带微笑的周宁政府工作人员。我不禁好奇他们是否给我开了“收据”。

而后我们向西出发，一路向前，绕过将道路拓宽两倍的施工路段，攀登至被“福云六号”茶树覆盖的山谷之巅时，我的新朋友向我介绍了这座福建海拔最高的小镇的奇妙之处。

“百万富翁街” 两只石狮子守卫着周宁县的大桥。周宁也被称为“狮城”，据说当地有两座山酷似狮子。

“百万富翁街”两侧奢华的新公寓鳞次栉比，让我想起了福鼎的景象。当时的周宁有 19 万人口，其中 3 万人在外地工作，而在上海浦东工作的就有 2 万多人。一个新朋友告诉我：“我们周宁人能力强、技术精湛、头脑灵活，几乎比任何人都更早地看到了浦东的潜力。”

当周宁人涌入上海时，浦东开发计划的墨迹尚未干透。一个人先来站稳脚跟，接着再来另一个人，然后邀请亲朋好友也来。从那时起，他们在外挣的钱便开始回流到“百万富翁街”的新住宅建设上，但正如我朋友所言：“唉，他们都忙着发财，没时间住在这里。”

不过，我还是遇到了一对在家乡生活的周宁夫妇——二十四五岁的吴朝阳先生和池红平小姐，他们创办了闽东最具特色的茶厂之一。这对年轻的夫妻刚开始经营茶叶生意时，对茶叶知之甚少。他们只知道茶是将沸水倒在毫无防备的茶叶上制成的。他们反复征求专家的意见，引进了台湾最先进的制茶技术，最终成为全闽东顶级的茶叶生产商之一，这绝非易事。

研究茶叶的学生们开始络绎不绝地来到周宁调研他们的茶厂，该茶厂还荣获了包括北京茶叶研究金奖在内的多个国家级奖项。这里生产的高山绿茶在全国广受欢迎，尤其是在北方的哈尔滨和北京。吴先生说：“我们的茶叶之所以品质好，是因为这里海拔高、空气清新、水质纯净。”

我打趣道：“真的吗？这也是这里盛产美女的秘诀吧。”

他咧嘴一笑，回应道：“那肯定是有道理的！”

高山美食 正如遍布中国大地的无数村落一样，周宁最让人着迷的，便是那些在

✡周宁晨光

别处难以品尝到的美食。许多食材都是乡亲们在自家后院里亲手种植或饲养的。在喝了几杯高山乌龙茶后，我又吃了 8 个煎蛋。当地有个习俗，就是在客人到来和离开时，主人都会为他们准备鸡蛋。茶香扑鼻，煎蛋美味，令人回味无穷。

周宁用魔芋做的面条证实了我的猜想：中国人确实敢于尝试各式各样的食物。当然，除了鲤鱼村的鲤鱼。魔芋面是用芋头的“近亲”——魔芋制作成的香辣棕色面条。为了去除魔芋的毒性，中国人先将魔芋煮熟，然后加入苏打，再磨成粉末。一勺魔芋粉，就能做出一大份棕色的魔芋面条，据说具有减肥和抗癌的效果。当然，前提是确保食用安全。魔芋又名蒟蒻，食用不当，可致人窒息而亡，曾是旧金山一

系列食物中毒事件的罪魁祸首。基于此，欧盟和澳大利亚都采取了禁售蒟蒻果冻的措施。

我平安地吃完了魔芋面，随后品尝了新鲜的青豌豆、高山野菜、苦中带甜的蘑菇、罕见的红蘑菇、南瓜，以及搭配青椒和胡萝卜的酱汁羊肚。

他们还端来了肉燕，就像福建其他地方一样，他们也声称本地肉燕是全省之冠。后来，他们还给我展示了最厉害的功夫。

鲤鱼村的村主任教我如何用木槌在花岗岩石臼里舂猪肉。村主任长大汗淋漓地挥舞了几下木槌后，倚在槌柄上叹了口气，仿佛即将展开一段关于鲤鱼化仙、逃离凡间的独白。他说："绞肉机会影响肉的口味，而刀会损伤肉的质感。唯有用这种方法，才能保留肉的原汁原味。"

"没有什么比品尝原汁原味的肉更好的了。"我附和道。

我颇为惊讶地发现他们端上了一道鱼，便询问是不是从鲤鱼溪抓来的。村主任听后立刻反驳："那不可能，没人敢这样做！对于在那里钓鱼的人，我们可是下过狠手的。"

鲤鱼村 《周宁宣传手册》写道："周宁，天地灵气之地……鲤鱼溪，人鱼同乐。"次日清晨，我们一行人坐上丰田面包车，沿着西行路线驶向鲤鱼村，途中经过了建筑风格最兼收并蓄的乡村。这里的房子有的以夯土为墙，有的则用红砖砌成，还有的用灰色的花岗岩砖块……风格多得恐怕连福建建筑专家都觉得眼花缭乱。

鲤鱼村的居民们生活在高山上，他们不烹饪鱼而是崇拜鱼。当尊贵的鱼神"摆脱人世的纷扰"时，村民们会进行"三拜八叩"的仪式，背诵229字的鱼祭文，并将其安葬在鱼冢中。

村主任解释说，这样的仪式大约始于800年前，当时几十条鲤鱼的尸体向村民们传递了一个信息，即上游的恶人在水中下了毒，因此拯救了村民们。从那时起，鲤鱼就受到当地人的尊崇，它们惬意生长，常常吃到人们投喂的芝麻饼。

抵达村口时，村里正在举行两场葬礼。中国人在亲人的葬礼上穿白色孝服。村主任向我解释，送葬者携带各种物品，是希望逝者能够安心舒适地前往"西方极乐世界"。

"那是哪里？"我问道，"温哥华吗？"

村主任没有理会我的玩笑，而是说："今天是你的幸运日。观看别人的葬礼能够带来好运，而你一上午就见证了两场。"

鲤鱼村的村主任姓郑，这一点不足为奇，因为在过去的800多年里，这里的每个居民都姓郑。

郑先生正忙着在村口修建一座茶馆。他从头到脚都沾满了灰尘，手里挥舞着一把大锤，咧嘴笑，像极了柴郡猫。你绝不会想到，他不仅是村主任，同时也是一个

✡ 鲤鱼村

✡ 鱼祭

开着超市和照相馆的富翁。热情洋溢的郑先生还是一个“大活宝”。

在鲤鱼村的村口，孩子们正在售卖圆形的芝麻饼。“这是鲤鱼最爱的食物，”郑先生一边说着，一边买了一打，“尝尝看？”

尽管有几个当地人正开心地大口啃着鲤鱼饼，我还是婉拒了。看到两个男孩拿着鱼竿，我吃了一惊，但郑先生只是笑着解释：“他们在钓青蛙，不是钓鲤鱼。”然而没过多久，他就大发雷霆。

在村里的小桥上，三个女孩惊恐地望着一个十岁的男孩在鲤鱼溪中钓鱼。当郑先生的身影笼罩在那个孩子身上时，我举起相机，捕捉了这个“罪犯”的“作案”情景。郑先生一把抢过他的鱼竿，猛地在膝盖上折断，把孩子撵走了。郑先生看着我，耸了耸肩，说：“没办法，西村的人一直不太受管教。”

这样的惩罚真是太轻了。在过去，那些违规捕鱼的人是要在郑氏宗祠接受审判的。如果被认定确实捕杀过鲤鱼，他们必须为整个村庄准备为期三天的盛宴，并且还要安排连续整整三天的娱乐活动，包括请人唱戏、演木偶戏、耍杂技、吟诗，也许还会有古代版卡拉 OK。

千年夫妻树 鲤鱼村的村民们自豪地向我展示了两棵拥有 1050 年历史的夫妻树，它们的枝条充满爱意地交织在一起。鲤鱼村的许多古树都在一场致命的台风中不幸倒下，但这对“恋人”幸存了下来。

早在环保主义出现之前的几个世纪，中国人就已经开始崇敬古树，甚至对它们顶礼膜拜。时至今日，为绕过千年古榕树而设计的街道乃至高速公路屡见不鲜。每一棵古树都由专门负责保护这些古老“卫士”的机构进行编号。例如，这对夫妻树中的雄树编号为 0903。

雌树的根系比雄树更深。郑先生解释说：“她的根扎得更深，因为雄树给了她安全感……日本的研究人员过几天要来研究它们。”

就在这对夫妻树的背后，有一个巨大的石墩——鱼冢。

林公宫 在夫妻树旁有一座寺庙，是为了纪念古代的一位郑氏族人而建的，据说他赤手空拳打死了一只曾经吃掉了几个村民的老虎。虽然现在除了龙岩的老虎保护区外，福建的其他地方已经没有老虎四处游荡，但村民们依然向这位勇士祈求平安和富贵。

郑先生有些无奈地说："就算现在还有食人虎，我们也不能杀死它们——老虎现在受到保护。"

林公宫祖殿的壁画描绘了《三国演义》和《西游记》中的场景。最上面一排是原版画作，下面则是最新的复刻品。

如今，供奉着这位古代打虎英雄的寺庙达30多座，信众达到20万人。春节过后，林公的神像会从祖殿中被抬出，在他的家乡进行巡游。

郑氏宗祠 在石碑旁边，有一座廊桥，它通向一座院墙倾斜、形似船头的祠堂。院里编号为903的树，树龄已有1500年，是"船"的桅杆。为什么要在山里造"船"呢?

传说很久以前，有人在903号树下睡觉时，梦见自己登上了一艘满载黄金的宝船。醒来后，他要求大家崇敬这棵树，并募集黄金，建造了这座船形祠堂。果不其然，他的家族从此开始兴旺发达。

903号树的树干上，高高地悬挂着一把把铁制的小弓箭。村主任告诉我，如果把这些东西放在孩子的床边过夜，第二天再挂回这棵树上，小孩就不会做噩梦了。它们的作用就如同美国原住民的捕梦器一样，只不过这些弓箭是用来刺穿噩梦的。

在祠堂的前厅，一个年轻人正在用锤子和凿子雕刻祖先的牌位。有些牌位很简单，木质的，刻着黑色字体；有的则极为华丽，镀以金色，据说专为那些讲究的亡灵而制。我感觉这项工作难免重复乏味。

祠堂里面的雕像都是郑氏先人。其中四个是皇帝的亲戚，左侧的一对夫妇据说是郑氏族谱上的第八代传人，对鲤鱼的崇拜和保护传统是从他们开始流传下来的。

在有庆祝活动的时候，人们会从四面八方赶来，挤满祠堂的庭院。有头有脸的人物享有包厢座位，其他人则从家里搬来竹凳，坐在阴凉处，而孩子们则坐在草地上晒太阳。

神圣的鲤鱼溪蜿蜒流过郑氏宗祠的"船"头，穿过古朴的木屋村落。看到一栋老房子的门是敞开着的，我们便径直走了进去。在我们参观房间时，里面的居民完全无视我们，自顾自地忙着。

我看到四个男孩蹲在溪边，便冲上去拍了一张照片，以为他们正在玩的是800年来郑氏家族流传下来的中国传统儿童游戏，但他们玩的是电子游戏。

老奶奶的小脚 宗祠附近的金属栅栏把小溪的上下游分开，在下游一带，鲤鱼更可能成为锅中的食材，而不是被供奉起来。如果鲤鱼游到下游，救援队会将其打捞回上游。难怪周宁的宣传手册会夸耀这里“人鱼同乐”。然而，对于90岁的徐奶奶来说，这样的乐趣是遥不可及的。她虽然心胸宽广，但双脚被束缚，显得异常小巧……

“缠足习俗能有效地将妇女们留在家中。如果这习俗不仅在中国，还在其他地方推行，对女性及其男性同胞而言，或许会是件大好事。”西班牙多明我会修士闵明我于1659年抵达中国时这样说。

缠足，这一延续了千年的中国习俗，曾让无数女性的双脚被布条紧紧束缚，形成了所谓的“三寸金莲”，这些小脚被硬生生地塞进“莲花鞋”里。这一做法一直持续到1912年才得以终止。2003年，我遇到徐奶奶时，她的双脚只有10厘米长，只能跛着脚行走。

我指着一位穿着高跟鞋的少女对徐奶奶说：“从一个极端走到另一个极端。我给您和她拍张合照怎么样？”

徐奶奶笑着同意了。

在过去，中国的鞋匠会制作“莲花鞋”，但徐奶奶一直买不起商店里的鞋子，于是就自己动手制作。她腼腆地向我展示了几双做工精美的鞋子，甚至还送给我一双。不过她笑着说，我的脚有点儿大，不适合穿这双鞋。

徐奶奶说她一生坎坷，很高兴那些“旧时光”已经成了过去。“直到20世纪80年代，我们都没有吃过肉或蔬菜，甚至没有米饭，只能吃红薯，用很多种方法炒。虽然现在我还是不太能走路，但至少不用再饿着肚子睡觉了。”

功夫趣事 鲤鱼村的年轻人大多外出谋生，村里只留下老人在田里耕作，不过这些老人都能胜任农活，这归功于他们长期练习南少林武功，身体强健。20 世纪初，周宁的百姓曾赤手空拳击退了 300 名北方土匪，还有一位功夫大师，单凭一双肉拳打死了老虎。我问村主任能否让我见见当地的功夫大师，村主任说："没问题，我们这高手如云。当然他们都姓郑，不是郑家的人就不会住在这儿，更别提学到我们秘传的'郑家拳'了。"

我想象中的功夫大师，有着一头长长的白发、浓密的眉毛，走起路来脚不沾地（离地 15 厘米），身披长袍，随风飘动，嗖嗖作响。然而，出现在我眼前的，是一个 50 多岁的普通男子，留着平头，看上去并不起眼，但他说了句："等我换身衣服。"转眼间，他就消失了。我期待着，功夫大师马上要登场了。

片刻之后，他回来了。除了脚上的绿色帆布鞋和腰间那一圈红布之外，他看上去和之前没什么两样。我问他，那圈红色的腰带有什么特别的含义，比如象征旭日东升、龙、中国，或者是他功夫水平的体现。他莫名其妙地看着我，然后说："这是用来绑裤子的，是我从一块破布上撕下来的，那块破布刚好是红色的。"

说完，他把烟塞进口袋（我猜已经点着了），然后闭上眼睛，握紧拳头，肌肉紧绷，这让我不禁担心他的肌肉会因用力猛而裂开。村主任解释道："'郑家拳'只有成年人才能学，因为肌肉这样强烈收缩会影响青少年的发育。"

郑师傅接着在空中迅速踢腿、旋转、出拳，他的衣服真的发出了人们在功夫电影中听到的那种嗖嗖声和啪啪声，围观的众人看得目瞪口呆。我甚至以为他随时会一跃跳上屋顶。

另一个功夫大师　在郑师傅展示完武艺后，我们又拜访了另一位大师，当然他也是位"郑师傅"，就住在城外的 9900 号电线杆旁（电线杆似乎和古树一样也濒临灭绝）。这位年迈的功夫大师——暂且称他为老郑师傅，手中挥舞着一把镋。这是一种铁制的叉子，有两根看起来颇为锋利的尖齿，它沉重的木柄已经断裂。"这是我跟邻居练习时不小心弄断的。"他耸了耸肩，解释道，"有时候难免会这样。"

"那不是很危险吗？"

他回答说："不要紧，我本身也是一名医生。"

中华人民共和国成立前，老郑师傅每天都要花上几个小时练习武艺，为剿匪和对抗军阀做好准备。如今，他每天只练习一个小时，可能是因为他的邻居无法陪他练更久。

“我从没见过这样的叉。”我说。

老郑师傅回应说：“比起叉，大多数年轻人更喜欢耍棍棒，因为孙悟空用的金箍棒就是棍。但叉也有优点。”

我向他讲述了自己在台湾学习功夫的经历，以及寺庙里的师傅如何用手掌击碎90公斤重的冰块。老郑师傅听后评论道：“那是因为他用了气，非常强大。”

在老郑师傅修理他的叉子时，我趁机参观了他那栋两层的大房子，这里也是他的诊所——可能是为那些被他的叉击伤过的邻居们提供医疗服务。

房子的门口上方悬挂着一块大牌匾，是他送给母亲60岁大寿的礼物。牌匾上刻着“福如东海，寿比南山”。他说，人们在60岁、70岁、80岁、90岁和100岁生日时才会收到这样的牌匾。我忍不住想，如果活到了110岁，就得自己动手买了。

修好叉后，老郑师傅给我们展示了他的武艺。村主任则挥舞着铁锹大显身手，我则亮出了我的瑞士军刀，不过我的攻击力看起来并不怎么强。这也难怪瑞士人声称自己是中立国。想象一下带着一把瑞士军刀上战场的情景：“退后，坏蛋！否则你就要见识到我‘折叠开瓶器’的威力了。”

就在老郑师傅挥舞着他的叉时，一位穿着醒目的手织蓑衣的潇洒老者信步走了过来。他长得很像穿着蓑衣版的蝙蝠侠，慢悠悠地在我们周围踱步，嘴里抽着烟，显然是被我们逗乐了。“那位是谁？”我问道。

“哦，他也是个功夫高手。”村主任回答说，“当然，他也姓郑。”

那当然。

一群老奶奶围观村里的“战士”们。我对她们在炎炎夏日使用的木炭手炉很感兴趣。当我提出想要合影时，一位老奶奶穿上了她最漂亮的衣服，摆出了各种姿势。我只拍了四张照片，她们似乎很不高兴，我想知道其中的缘由。村主任解释说：“巴黎的一位教授为她们的手炉拍了400张照片呢。”

我还拍了村里铁匠的照片，他也是一位郑师傅，好巧。随后，我向郑家众人和一名年轻的警察道别。这名警察也向我展示了他的功夫，但老郑师傅不以为然地说："他不是郑家人，他姓李。"

周宁夜生活 顺着鲤鱼村蜿蜒而下的东洋溪两岸，有几十个人围坐在圆桌旁，打着鲜艳的沙滩伞，品着茶水，喝汽水和啤酒，嘴里嗑着烤制的西瓜子和葵花籽。在溪流更下游的地方，老爷爷、老奶奶们笑眯眯地看着孩子们乘坐电动小火车呼啸而过。

夜晚的周宁街头逐渐活跃起来，尤其是西街，更是热闹非凡，老老少少伴着霓虹灯，跟随着音乐的节奏起舞，仿佛是一场永不落幕的狂欢活动。老式木屋之间夹杂着各式各样的商店，从药店、书店、理发店到自行车店、雨伞修理店、佛具商店、时尚服装店、咖啡馆和古老的乡村铁匠铺，应有尽有。很难相信，这条古老的街道竟然是在 1949 年后才修建的。

越来越多的孩子和家长跟随在我身后，就像故事中花衣吹笛手后面的小老鼠。孩子们个个都很漂亮。福建人老说乡村的空气、土壤和水能养出美人，我慢慢觉得这话不假。这些讨人喜爱的孩子中，有几个总是形影不离地跟着我，比海滩上正午时分的影子贴得还近。他们大多数从未见过外国人。一开始，没人肯让我拍照，我就偷偷拍了几张，让"受害者"在相机的小屏幕上看看自己的模样。后来，大家就抢着要拍照，还主动摆出各种姿势，想要拍出更好的效果。

在一片混乱中，一名中年男子喊道："间谍！"人群愤怒地向他围拢过来。"你怎么能这样胡说？"有人愤愤不平地质问道，"他是我们的客人。"另一个声音也响了起来："间谍会公然用那么显眼的相机拍照吗？"

"没关系，"我插话道，"他不认识我。"就在这个自封的"抓间谍英雄"尴尬地退到阴影中时，一辆小型皮卡车驶了过来，车身侧面装着巨型扬声器并贴满了海报。"看来是辆宣传车。"我观察后说，"也许是在对间谍发出警告？"

一个当地人笑着解释："哪里，他们是在为今晚的电影做宣传。"

周宁的街道上弥漫着夜生活的热闹气息，但大约在 9 点，仿佛有人拔掉了插头，

将街道的喧嚣一键关闭。回到酒店后，我就休息了，第二天一早便启程去游览九龙漈。

九龙漈 福建最大的瀑布群就在周宁县东南方 13 公里处。然而，就在我们抵达瀑布之际，天公不作美，下起了倾盆大雨。

“这里经常下雨吗？”我问道。

“当然。”陪同我前往的郑女士回答说，“这就是我们拥有如此壮观瀑布的原因。”

幸运的是，我的两位向导都曾是幼儿园老师，很有耐心。正当她们向我娓娓讲述当地的传说时，五个小女孩和一个小男孩沿着小路走来，浑身湿透，仿佛刚从河里爬上来。闪电划破天际，雷声震耳欲聋，我们很快也被雨水淋湿，匆忙逃回周宁，也学到了宝贵的一课——游览瀑布的最佳时间是在上午，而下午经常下大雨。

第二天一早，我们再次启程前往瀑布。不过，在出发前，我先服下了一粒可疑的药丸——主人说这种中国万灵药能治好我在太姥山中暑后的抽筋。药丸是些黑色的颗粒，形状类似老鼠屎，成分中包含了可致命的草药颠茄。也许这是“回敬”我之前拿他们的鲤鱼开玩笑？尽管如此，我还是选择了服用这粒药，没想到效果显著！因此，我又多买了一瓶，以备不时之需。

在药店这种药丸被命名为“和胃整肠丸”，其成分包括久经考验的颠茄提取物、肉桂、丁香、甘草、木馏油、水杨酸苯酯和薄荷脑。这种药丸主治恶心、胃痛、腹痛、呕吐、厌食、腹胀、由气滞引起的腹泻等多种症状。

虽然我对中医的许多理论持保留态度，但在过去的几十年里，我目睹了中医如何治愈一些被西方专家认为无望的美国朋友的疾病。几千年来，中医无疑为现代医学提供了借鉴，就像屠呦呦女士在获得中国第一个诺贝尔生理学或医学奖的过程中，就深深受到了中医的影响。

✡九龙漈瀑布

蚊子堪称地球上最致命的生物之一，每年有数百万人因它而丧生。西方科学家投入了几十年时间和数十亿美元来对抗疟疾，但都以失败告终。年轻时的屠呦呦坚持研读中国古代医学文献，并对数百种植物进行实验研究，最终在葛洪（约283—约363）所著的《肘后备急方》中找到了“神药”——青蒿素。实际上，青蒿素并非首次被人类使用，但其他人遵循中医常规，将青蒿素煮沸。然而，葛洪在书中特别告诫，青蒿素不宜煮沸，而这正是屠呦呦获得成功的关键所在。

终于到了九龙漈！

九龙漈的壮观景色摄人心魄，更让人惊讶的是，在1978年之前，中国人对它一无所知，直到一个捡柴人偶然发现了九龙漈，并将它的存在告诉了村民。后面的故事，就不必多说了。

瀑布流程长 1000 米，总落差 300 多米，其中最大的瀑布落差高达 46.7 米。与中国的其他旅游景点一样，公园内铺设了规整的石板路，引导游客通往各个景点。

在第一个岔路口，我们向右转，下到谷底，眼前便是最大的瀑布。在最近一场暴雨过后，这个瀑布的宽度几乎可与贵州的黄果树瀑布——中国最大的瀑布相媲美。右侧一个宽 16 米、深 14 米的水潭，被称为“龙眼”，潭边一棵孤松顽强地扎根在几乎光裸的岩石上。

一块警示牌上写着“危险，路滑，请勿通过”。我们当然没有理会这块警示牌。我站在瀑布底部，沉浸在强劲水花喷洒在脸上的快感中，结果仰面朝天地摔倒在黏滑的岩石上。

瀑布的威力令人震撼。在最近一次瀑布的冲击下，距离水面 30 米的铁护栏被冲毁了。

虽然第二个岔路口没有禁止下坡的警告，但我们也不下去了。毕竟，禁果总是诱人。而且，最好的拍照地点在更下游的地方。

虽然小路两旁绿树成荫，但此刻我已汗流浃背，浑身燥热。我的脑海中浮现出在太姥山中暑的画面。瀑布跌落的方式大体一致。然而，接下来的瀑布确实壮观，尤其是最后的“龙口瀑”，更是让人觉得不虚此行。

途中，有个人停下来采摘野蘑菇，并把它们串在树枝上。“要尝一尝吗？”他问。“不用了。”我回答，谁知道那些用颠茄治病的人会给你带来什么样的蘑菇。

当我在黏糊糊的岩石上跑来跑去时，一个导游喊道：“看看你身后。”我一转身，差点儿掉进河里。她紧接着又喊道：“注意看路！”

“我一直在看路，是你让要我看后面的。”我大声回应道。

我们在石头上疲惫地躺下，沐浴着阳光，直到我注意到山顶上有一个小小的身影，正在用一把扫帚扫地。那个人最终一路扫到了我们所在的地方。他穿着宽松的裤子和蓝白相间的条纹衬衫，腰间别着一把镰刀，宛如一个年迈的德鲁伊在午夜时分寻找槲寄生。他咧嘴一笑，说：“你看起来很累。”

“确实。”我回答，“那你呢，你不累吗？”

“不累，我已经习惯了。我在这座山上扫了一辈子的地。虽然任务艰巨，但能让人内心平静。”

他让我想起了太姥山上那个挑豆腐的僧侣。

我们与这个清扫工分享了一袋花生饼干，然后起身回到了入口处，沿途欣赏着鸟儿、橡树、蕨类植物、花朵和野梅。下次来时，我会带上帐篷在这里过上一夜。

发现新瀑布 回到城里后，一个政府工作人员欢呼道：“他们今天发现了第十个瀑布，而且水还是咸的。”

“在哪里？”我问道。

“潘教授额头上落下的汗水。”

在一阵欢声笑语、拥抱和握手之后，我告别了新结识的朋友，也告别了那些一直陪伴在我身边的孩子们。我心中暗想，如果可以，真希望能带几个孩子回家。

我坐上丰田面包车，向西驶向白水洋，那里是鸳鸯和猕猴的家园，也是一个连我这样的凡人都能在水上行走的奇妙湖泊。

在路上，再上路 农民们肩扛着一筐筐谷物，跟随在水牛后面，走在道路的中央。我选择绕过他们，而不是按喇叭催促。毕竟，这是他们的路，我很乐意与他们共享这片空间。不要急，朋友。

再次上路的感觉真好，沿途还能看到无处不在的公路养护工人，他们穿着橙色反光背心，在悬崖峭壁上清除杂草。薄雾时而散开，露出远处山谷中的古老村庄，以及高山上层层叠叠的茶树梯田。我不禁联想，福建是否还有哪一块平地是没有人居住或没有人耕种的。

在这个地区，主食似乎就是蘑菇。我也曾自诩为蘑菇爱好者，但没有人像中国人（当然，还有霍比特人）那样，对食用菌如此珍视。当我告诉周宁的朋友我爱吃蘑菇时，其中一个朋友回应说：“蘑菇已经过季了。”

“那蘑菇罐头呢？”

她显得有些惊恐，答道：“没有口感。”最终，他们为我提供了一种只在八月、只在当地才能生长的蘑菇，这种蘑菇可能是在月圆之夜用那位酷似德鲁伊的清扫工的镰刀收割的。几周后，我在位于宁德西南方向的三明才真正了解到，中国人为了获得蘑菇愿意走多远的路。但中国人不仅是蘑菇鉴赏家，他们对待生活中的每一件事也都是如此。他们懂得品味生活，而不是虚度光阴。正如中国古人所说："不要走马观花。"

在一条弯道上，坐落着一座低矮的灰砖建筑，周围是一圈灰砖墙，内院中贴着一张巨大的毛泽东画像。这里就是公路饭店，我怀疑在过去50年里，这里的装潢、管理人员和菜单都未曾有过改变。

公路继续蜿蜒前行，沿途经过了更多种植蘑菇的村庄。这些村庄肯定非常富裕，因为那里的农民都衣着光鲜。

而蹲在尘土飞扬的路边的小贩们，看起来和周围的古村落一样古老，脸上皱纹密布。

一对夫妇和一个男孩站在一座廊桥旁，向我招手，示意我停车。他们误以为我的丰田面包车是一辆公共小巴士，当看到驾驶座上坐着一个外国人时，他们都吓了一跳。我还是把他们接上了车。

✿ 鸳鸯溪峡谷

他们从未见过老外，但对此表现得很淡定。我给这个11岁的男孩倒了一杯可乐，他有些腼腆地接了过去。当我提出要为他们拍照时，那位父亲惊呼道："你既会开车，又会照相？我听说过古人的故事，他们多才多艺，就像你一样。"

能够与古代的智者相提并论，我的自尊心得到了极大的满足，但我还是承认了事实，以免他之后发现真相，"大多数美国人在高中时就学会了开车，而这台相机只是一台花哨的傻瓜机"。

我拍了一张照片，但闪光灯没亮。我摆弄着按钮，但无济于事。这位父亲问："如果这是台傻瓜机，你怎么还用不来？"

"因为我还没达到傻瓜的水平。"我回答。

他点点头，一副洞悉一切的样子。终于，我找到了"背光"设置，成功地拍下了照片，重拾了我那尚未完全垮掉的潇洒。

在与孩子的父亲聊天时，孩子自豪地为他不会说普通话的母亲做翻译。他们说的方言让我想起了厦门话。

即使不会看手相，我也能从这位母亲的那双手中读出她生活的艰辛。她的手被太阳晒得黝黑，布满老茧，肌腱像缆绳。她可能会往邻居身上砸断武术棍，甚至可能对她的丈夫也这样做。但是，当她把儿子紧紧抱在怀里时，那双手又充满了温柔。我了解到，她虽然没有上过学，但在生活中很有教养。她不仅对陌生的外国人报以微笑，对家人更是如此。当男孩将漏水的水瓶放在我那一叠珍贵的宁德照片上时，我抿紧了嘴唇。我既不想让任何事情毁掉我对他们的美好记忆，也不想破坏这一家人对遇见的第一个老外的印象。

虽然后来我才发现，他们其实根本不知道我是外国人。

那位父亲问："你是中国人吗？"

"不，我是美国人。"我回答。

他思索了一下，然后说："直觉告诉我，你应该不是本地人。"

我把这位父亲送到了路边，随后上来了两位年轻女士，她们用当地方言和那位母亲聊了起来。我听懂了，知道她们是在问我是不是中国人。"他是美国人。"这位母亲回答，一副对老外和这个世界了如指掌的样子。

到了一个依山而建的小城，我让乘客们下车，心中充满了喜悦。我为他们节省的几块钱，在很久以前那个农民以物易物的生活中是难以积攒的。如今，这些偏远地区虽然仍不富裕，但他们过上了中国人长久以来向往的小康生活。而在世界其他被称为发展中国家的地方，仍有十亿人未能达到这一生活水平。

即便是在八月这个火热的时节，高海拔地区的空气依旧清新宜人。空气中还弥漫着来自无数木工坊和木材加工厂的杉木与松木的芬芳。小镇的南边，有一座古老而宏伟的三层木桥，它横跨在小河之上，构成了一幅动人的画卷。小河南岸有一座乌龟形状的坟墓，是一处绝佳的风景。

当我在拍摄这座桥时，一个老人和一个穿着黑白格子紧身连体衣的女孩从旁经过。女孩的发色略显银白，发型是20世纪30年代上海流行的小平头。这对有趣的组合冲我咧嘴一笑，但并未停下脚步，头也不回地继续往前走，仿佛在这里遇到外国人是再平常不过的事情。我早已习惯了成为别人注视的对象，然而这次被如此不经意地忽略，竟感到了些微挫败。

圆圆的山丘让我想起了莫西干头，两侧则覆盖着茂密的青草，山顶则种着一排排茶树。一只酷似秃鹫的庞大生物懒洋洋地在山丘上空盘旋。

虽然我被告知目的地就在岔道以南20公里处，但行驶了30公里后，我仍未到达。我向每一个路过的农民询问："白水洋是走这条路吗？"他们总是回答："继续向南走。"直到行驶了36公里，而非20公里，我终于来到屏南外事办前的一辆轿车旁，这辆轿车恰好在棕色"白水洋"标志的边上。我猜想，中国人对公里的理解，就像他们对里的理解一样，相当灵活。下一次，我会记得在他们的指引上留出一些"余里"。

我的向导傅先生毕业于厦门大学，曾在新加坡待过一年。他英语流利，当我跟随外事办的轿车沿着狭窄的柏油路驶入狭窄的山谷时，傅先生向我介绍了该地区的历史和文化。

踏水而行　白水洋，位列福建七大国家级风景名胜区之一，同时也是宁德世界地

质公园的三颗璀璨明珠之一（其余两处为太姥山和白云山）。然而，白水洋与地球上任何其他湖泊都有着天壤之别。在这片 4 万平方米的湖面上，一个农民肩挎篮子在水面上行走，给人一种超现实的感觉。他能够完成这一壮举，全因整个湖泊就在一块巨大平坦的岩石上，水深仅几厘米。

湖面上曾举办过田径赛、自行车赛，甚至还有中国戏曲表演。在我看来，这里甚至可能举行过功夫比赛。

公园服务中心的店员卖给我们袜子，以防我们在岩石上滑倒。我们穿过湖面，水从未没过我的脚踝。光滑的岩石和湍急的水流就像在按摩，让我的双脚一阵阵发麻。

和九龙漈一样，这个奇特的湖泊也是对外开放不久。在 1983 年之前，只有居住在悬崖峭壁上的村庄里的居民才知道这个地方。当地人称峭壁上的村庄为"灯笼挂壁城"。这些村庄之所以建在悬崖峭壁上，是为了抵御土匪和军阀的侵扰，如今大多数居民已搬迁到谷底。

猕猴保护区与美猴王 这个偏僻的山谷被誉为鸳鸯的越冬地，但我从未见过它们的身影。白水洋也是中国最大的猕猴保护区。在过去 400 年里，中国人最喜欢的猴子始终是美猴王孙悟空。

孙悟空的传奇故事源自中国著名高僧玄奘（602—664）取经的真实经历。627 年，玄奘历经艰险，耗时两年前往印度取经。在印度期间，他学习了各种佛教流派、梵文《吠陀经》、数学和医学，645 年回到中国，此后玄奘致力于将印度经文翻译成中文。此外，他还创立了唯识宗。从本质上讲，该学派主张所有物质实际上只存在于我们的意识之中。然而，这个观点显然并未在中国人的思想中占据重要地位，因为该学

✡白水洋嬉戏

派在玄奘圆寂后不久便衰亡了。后来，它在日本作为法相宗传承下来。

《西游记》是中国古代四大名著之一，讲述了玄奘法师带领猪八戒、沙僧和孙悟空前往印度取经的传奇故事。这只顽皮的猴子从石头中诞生，并从一位大师那里学会了法术和功夫。他能够变幻出七十二种形态（如树、鸟、蚊子等），能够腾云驾雾，翻一个筋斗就能飞十万八千里。

孙悟空公然反抗玉皇大帝，因而受到人们世世代代的喜爱，这可能是作者对当时封建统治秩序的一种暗讽。孙悟空从东海龙王那里得到了金箍棒，几乎战无不胜。他大闹地府，为自己和追随者赢得了永生。最终，天庭众将合力将孙悟空擒获，但无法将其处死，于是佛祖将他压在五指山下，成功压制了他的气焰。直到 500 年后，玄奘解救了他，并将这只曾经犯错的猴子收为徒弟，与他一同踏上取经的旅程。

葫芦面条与鳍鱼　白水洋有一条小径蜿蜒而上，通往上游约 5 公里处的壮丽景色。当地人说，那里有一个洞穴是孙悟空的藏身之处，但在那里你可能只会遇到他的猕猴亲戚，或者是眼镜蛇、五步蛇、竹叶青和网纹蟒。这里的网纹蟒平均身长 6 米，1912 年记录的最长的一条网纹蟒长达 10 米。

在白水洋踏水而行让我们胃口大开，于是我们回到公园服务中心，美美地吃了一顿从周边山里采集来的新鲜山珍野味。

我喜欢这里朴实无华的餐厅。有了美味的食物和清新的空气，它无需过多的装饰——只有一个红底黑字的蓝色书画框，上面写着一首赞美白水洋的歌词。

品茗之后，我们品尝了精致的金色山蘑菇炒葱丁、苦瓜，以及用一种特殊葫芦制成的面条，这种葫芦原本是不能食用的，要经过 8 道工序的加工才能安全食用。我不禁想到，在几十年前，人们过着极度清贫的生活，大概会吃下任何不会先吃掉他们的东西（比如蟒蛇）。

“这些都是高海拔地区的特色美食。”傅先生说，“别的地方可吃不到。这肉是野猪肉，我们不吃河狸或是受保护的动物，但野猪数量太多了，它们破坏了土地。这些家伙能长到 45 公斤呢！”

当我告诉他，100 年前在宁德，美国人射杀的体重达到 227 公斤的野猪，其杀伤力不亚于福建地区的华南虎时，他显得颇为惊讶。

我面前的这块猪肉，上面还附着黑色的猪毛，我甚至可以用它来梳头。尽管如此，肉的味道十分鲜美，而且脂肪含量极少。

我们正享用着美食，女服务员端上来一条鱼，放在我面前，鱼的白眼瞪得大大的，直勾勾地盯着我。她解释说："这是鳍鱼，是纯天然生长的鱼。"

"那另一条鱼不是天然的吗？"我问她，"是因为加了豆腐？"

"不是的，我说的'纯天然'是指这条鱼来自没有任何污染的水域，那里的水质纯净到可以直接饮用。你真该在我们的小木屋里住上一周，什么都尝尝！"

鳍鱼虽然骨头多，但味道鲜美，令人难以抗拒，我也像中国人一样，慢慢品尝，细细咀嚼。但随后他们给我端来了鱼头，傅先生解释道："这是专门为贵宾准备的。鱼头，包括鱼脑、鱼唇、鱼眼、鱼脸肉、鱼皮……有十八种不同的味道，各有特色。"

我虽然一开始表示拒绝，但最终还是决定开吃，并很快地吃掉了小脑，啃掉了鱼脸肉，吃掉了鱼眼和鱼唇，还吃掉了这只可怜动物头部的其他部分。味道苦涩多样，肉也不多。在尝试了六七种不同口味后，我婉言拒绝继续品尝那些比我用牙线从牙缝里剔出来的还要小的肉块。我挑选了一些野菜，傅先生夸耀道："全部都是纯天然的，刚从地里摘出来的！"

虽然有些蔬菜还带些土腥味，但确实很好吃。然而，当我得知黄蘑菇要经过 18 道工序才能食用时，我不禁好奇："经过这么多工序，它还能算作天然蘑菇吗？"

傅先生笑着回答："每一道工序都是纯天然进行的。"

那确实很天然。

路遇乡下人 之后，我继续向南行驶，沿途看到了十几个10岁至12岁的男孩。他们正像我小时候那样，坐在木制小车上从山坡上飞驰而下。这一幕提醒了我，全世界的孩子都有着许多共同点。

我停下车来，与路边的一户乡村人家攀谈起来。他们让我想起了美国的乡下人，头上戴的软草帽酷似哈克贝利·费恩的草帽，穿着古朴的衣服。那位女士背着一个巨大的音箱，里面传出阵阵佛教歌曲。我想起在寺庙里见过一种黑色的塑料"迷你念佛机"，她可能也非常希望拥有一个。她还有一个古旧的编织袋，里面装满了旧物，也许是打算拿到城里出售或交换其他物品的。

这户人家里的祖父母和妻子都不会说普通话，但那位丈夫能说一口清晰流利的普通话，我仿佛理解了20世纪五六十年代中国宣传家是如何塑造"英雄农民"形象的。他的皮肤晒得黝黑，敞开的蓝色衬衫下露出古铜色的宽阔胸膛，看上去强壮如牛。在我看来，他很可能也是一位功夫大师。他递给我一支手卷的香烟，很像是一支小雪茄，然后说："我们要走另一个方向，不过我老婆跟你顺路，你能载她一程不？"

于是他的妻子蹲在我的面包车的前排座位上，身体蜷缩着，紧紧抱着她的花格子包和音箱，好像生怕我会没收它们作为车费。我笑了笑，她却退得更远了，似乎被吓到了，尽管她的表情平静。她目不转睛地盯着前方的道路，只有一次低头把佛教歌曲的音量调大了几分，仿佛这样就能保护她免受"外国恶魔"的伤害。

行驶了几公里后，她开始叽里呱啦说了一通，并指了指路和车门。于是我把车停在路边，她迅速地从车里爬了出去，没有说一句话，甚至没有看我一眼，就沿着公路走了。也许她受够了她的“野蛮”司机，但我也受够了音箱里的佛教歌曲，所以我们算是扯平了。

深谷　如今，你可以通过高速公路抵达福建的每一个村庄，但如果你从周宁出发，沿着古老的319省道一路向西，你将目睹全中国最壮观的景色。那郁郁葱葱但崎岖不平的山谷既深且窄，甚至让我放弃了拍摄。我的傻瓜式相机即使在“鱼眼”设置下，也无法捕捉到这些史诗般的壮丽景色。这就好比试图将美国大峡谷塞进我8岁生日时得到的那台布朗尼傻瓜式相机的取景屏里一样。（暴露年纪了）

巨大的光秃秃的悬崖，形状奇特，古人可能曾为它们命名并赋予它们神圣的意义。这些悬崖从茂密的竹林和松树林中突兀地伸出来，毫无顾忌地在阳光下闪耀着光芒，宛如疯狂的凡·高画笔下的树木。从远处的河流到近处的山峰，狭窄的山路异常陡峭，即便是山羊也需要借助绳索和岩钉才能攀爬。

那些错综复杂的茶树梯田让人联想到古老的印加遗迹，而那些质朴的木屋依附在悬崖峭壁上。在路上某个地方，我看到停放着十几辆摩托车和自行车，下面远远传来叫喊声和欢笑声——下面要么是游泳的好地方，要么是钓鱼的好去处。

这是我在福建见过的最险峻的地方，但也是最美丽的地方之一。

路过屏南

我本打算马不停蹄地驶过屏南，但没想到会遇到廊桥、南

✿ 绿水青山间的木拱廊桥

瓜和新娘。

屏南拥有数十座保存完好、造型优美的廊桥，其中我最喜欢的是万安桥。它长达 100 米，有着 900 多年历史。我很庆幸曾经目睹过它的风采。它在 2022 年被烧毁了，政府正计划进行重建。不过，你还可以参观其他几十座桥梁。

虽然我对桥梁的构造非常着迷，但我的中国朋友们似乎对一个被农民准备带回家做成晚饭的大南瓜更感兴趣，并请求这个农民把它卖给他们。这个农民很惊讶，尽管在他看来，我们可能算得上富有，他还是坚持将南瓜免费送给我们。我的朋友们把钱硬塞进他的手里，他才收下。

一辆拖拉机停在廊桥边的寺庙前，这就是现代的婚车。新娘子的两只眼睛从装饰得五颜六色的小轿子里偷偷地打量着我，但当我注意到她时，她赶紧把窗帘拉上了。拖拉机启动了，一辆小巧的白色面包车紧随其后，音乐随之响起。

福建的每个角落都充满了探险的乐趣，尤其是我们的下一个目的地——武夷山。

厦门大学
厦门

第八章

南平
人间秘境

两条眼镜王蛇在空地上对峙着，头冠怒张，毒牙毕露，信子狂舞。资深摄影师吴光明缓缓地将镜头对准了这一幕。刹那间，两大蛇王疾速旋转，向吴光明扑来。“我哪能跑过它们，”吴光明说，“于是我又按了一次快门。瞬间，它们向一侧逃窜，而我则向另一侧狂奔！”

如果说福建是中国蛇类的乐园，那么武夷山则是当之无愧的“世界蛇类王国”，有2000年历史的巨蛇石刻见证了古人对蛇的崇拜。时至今日，武夷山当地一些寺庙依旧保留着供奉蛇的习俗。

即便知道有眼镜蛇、竹叶青、巨型蟒蛇等出没，我的朋友吴光明依旧在晚间与周末时段漫游武夷山。然而，他并非唯一一个沉醉于武夷山这片仙境的人。

☼ 武夷山日出

武夷山

近代以来，武夷山是向西方出口茶叶的最大产地，因此欧洲人最早将茶叶称为 Bohea（发音为 boohee），这便是他们对“武夷”的早期音译。后来，这一饮品才被称为 tea，源自“茶”的闽南话发音。

西方文献最早将武夷山称为 Bohea Hills。自 18 世纪末起，外国博物学家对武夷山的生物多样性赞不绝口。武夷山的森林覆盖率高达 96.72%，据不完全统计，这里拥有高等植物 269 科 2799 种，野生脊椎动物 558 种，昆虫 31 目 6849 种。

✿ 大王峰

✿ 虎啸岩

武夷山拥有 63 万亩竹林，100 多种竹子，竹子种类占中国竹子种类的三分之一，其中包括奇特的方竹。武夷山当地居民常说，“方竹很好吃”。要我说，他们应该将方竹喂给大熊猫，让它们也能吃上一顿丰盛的大餐。

武夷山拥有众多险峻的峡谷和山峰，被誉为道教的“第十六洞天”。武夷山脉最高峰黄岗山是中国东南最高山峰（海拔 2160.8 米），赣江和闽江从中流淌而出。此外，朱熹的“新儒学”思想也是在这片山峦之中孕育的，它不仅让陷入停滞的儒学重新焕发生机，更在长达数个世纪的历史长河中引领亚洲的哲学潮流

和治国理念。

武夷山“三十六峰和九曲溪”的壮丽景色令人陶醉。在景区的西面，坐落着一座历史悠久的“龙窑”。离景区不远的城村则保留着有2000年历史的汉代古城遗址。而那些散布在各处、保存完好或经过精心修复的明代村落，400年来几乎未曾改变——除了新增的冰激凌冰柜、台球桌和美容院。不过，要探寻这些宝藏地，你需要一位出色的当地向导，而我那位拍摄眼镜蛇的朋友吴光明，无疑是最佳人选。

✡ 天游峰

留住武夷山之美

1993 年，在一位朋友的影响下，祖籍建瓯的吴光明迷上了摄影。1996 年他到南平闽北日报工作，1998 年调至武夷山日报，吴光明拍摄过国内外政要，但他的内心始终留恋大自然和传统文化。他致力于在传统风貌消逝之前，用摄影机记录下这些珍贵的瞬间。

吴光明说："十年之后，我们可能再也见不到犁田的农民、耕牛，自制的三轮拖拉机，还有缠足的老奶奶，美丽的古建筑正在逐渐消失。再过几十年，我们所拥有的，可能就只剩下这些照片了。"

在改用数码相机之前，吴光明每天平均拍摄十卷胶片，他用黑白胶片捕捉建筑之美，用彩色胶片记录人物和风景。在每天拍摄的250张照片中，他只能选出3到4张自认为满意的作品。

吴光明说："我每天有拍不完的照片，问不完的问题，比如为什么艺术家们在这里选择龙作为主题，在那里以凤为主题，而在它们之间又以麒麟为主题……"吴光明出版过一本书，专门记录古建筑之美，从雕花窗棂、石雕门楣到床柱，他都通过镜头一一捕捉。

武夷山热忱迎接联合国教科文组织

武夷山国家级风景名胜区坐落于武夷山市南侧，距离市区约 15 公里，占地面积达 70 平方公里。这里四季风光旖旎，尤以春雨初霁时最为迷人，无数瀑布在郁郁葱葱的亚热带植被间倾泻而下，甚为壮观。如果提前根据天气预报安排行程，就不用担心天公不作美，因为当地人告诉我，他们与“上面的人”有关系。一位男士郑重其事地告诉我：“正式活动的前几天，常常大雨倾盆，但到了活动当天，总是晴空万里。”

此言不虚，联合国教科文组织将武夷山列入《世界遗产名录》的那一天，确实阳光明媚，晴朗无云。那天，似乎福建一半的人都出动了，迎接远道而来的客人。孩子们穿着熨帖整洁的运动服，在道路两侧欢呼雀跃，用鲜花轻拍着经过的巴士。年轻人敲锣打鼓，挥舞着旗帜，脸上洋溢着灿烂的笑容。一队队身穿传统服饰的老太太们边跳舞边敲击钹和鼓，还不时向人群挥手。紧随舞龙队伍的是军乐队队员，他们手中拿着更多的钹和鼓。

一位工作人员在我的衣襟上别上了一朵专门给贵宾戴的胸花，并系上一条红丝带，随后我在草坪上的围栏内落座。中国和联合国教科文组织的官员们发表了重要讲话，之后东道主急匆匆地冲向洗手间。当我得知我们将乘坐竹筏沿着九曲溪漂流 7.5 公里，历时约 2 小时，我也不由得紧随其后。

九曲溪漂流

对我而言，游览武夷山最令人难忘的体验莫过于九曲溪漂流，其次便是攀登天游峰。当你细想你支付的费用，其实包括绑在一起的两个木筏的折旧费、两个卖力撑篙的船夫的人工费以及用卡车将木筏拖回上游的成本，再加上身着传统蓝色马褂和时尚翠绿塑料靴的解说员连续两个小时为你不间断解说和吟诵诗歌的费用，你就会发现，这样的收费其实并不算高。

船头的解说员详细描述了每一处转角、裂缝、山峰，甚至是沿途的厕所。他的解说中有一半是诗歌，但对于诗歌，我是个门外汉。中国人对押韵的句子情有独钟，

✿九曲溪

就以这句“武夷风景，贵在三三秀水、六六奇峰、七十二洞、九十九岩”为例，其含义其实很简单，即“武夷山有九曲弯、三十六座峰、七十二洞、九十九块岩石”。当然，每一道弯、每一座山峰、每一个山洞、每一块岩石都有自己的名字，这便是五千年中华文明在“赏石”这件事上的沉淀。

解说员指着一处岩石说：“那块石头看起来像一头狮子。看到了吗？不是那里，是那边。这块石头叫‘双龟惧蛇’，那块石头像中国古代的毛笔架，对面是一个小孩在拜观音。”

显然，这种命名方式一直延续至今。解说员指着一块三角形的巨石喊道：“那就是‘泰坦尼克’号的船头。哦，是杰克！”

解说员不是在指着石头介绍它是“头在水下，尾巴伸出来的北京烤鸭”，就是在吟诗作对。我看到河里有一堆不起眼的石头，心中暗自得意：“这次我打赌，中国人在那上面看不出什么名堂。”而他似乎看穿了我的心思，说：“看到河里的那块石头了吗？它就像一堆牛粪。”

✡ 玉女峰

大王峰矗立于九曲溪旁。只需稍加想象，或者再喝上几大口中国的米酒再看大王峰，它便宛如一顶中国古代官员的官帽。

一望无际的茶树梯田被镌刻着古代书法的巨石环抱。红宝石色的野生杜鹃花只在春天盛开，数量众多，异常夺目，我们原以为这些花是人工种植的，直到我们发现它们生长在悬崖峭壁之上，除了古越人之外，恐怕无人能够触及。这些古越人在三四千年前将逝去的族人安置在船形棺中，高高放置在悬崖上，因为他们相信，棺材放置得越高，逝者便能越快升天。他们把逝者的头部枕在乌龟上，因为他们相信地球是由乌龟支撑的。

玉女峰

我们的撑篙人满腹诗意，对武夷山最著名的地标——玉女峰赞不绝口：“她就像一位亭亭玉立的少女，那光洁的岩石就像她的肌肤一样细腻滑润。峰上的草木，便是她的秀发。当你静静地凝望她倒映在下方水池中的倩影，你会看到一个美丽而传统的少女，正陷入沉思，憧憬着美好的未来。”

他或许该少喝些米酒。在我看来，她的面容和身姿并未达到令人神魂颠倒的地步，她的“头发”也显得有些凌乱。作为一块石头，她确实美丽，但我绝不会有娶她为妻的念头。

天游峰

武夷山最令人心醉神迷的景色当属天游峰，你可以在九曲溪的三曲、五曲、六曲处欣赏它壮丽的风姿。从茶洞开始游览天游峰，沿着蜿蜒的小路穿过晒布岩可以抵达观景台。站在观景台上，你可以将云海中的群山尽收眼底。在闷热的天气里攀登完 800 多级台阶后，我确实感觉自己仿佛走到了地球的尽头，或者说耗尽了体力。不过，从络绎不绝的人群可以看出，攀登至山顶是一段非常有意义的旅程，尤其是在山顶过夜，欣赏星空和日出，绝对让你不虚此行。当然，我通常懒得那么早起床，因为日出不过是反向的日落而已（否则，金星怎么会既是晨星又是昏星呢）。

爬完天游峰后，我们还参观了一座迷人的博物馆，馆内用中英双语展示了古越人和他们的船形棺。在一睹古越文化的魅力之后，我们又参观了他们的继承者——闽越人的故居。

水帘洞

导游给我家两个男孩神农（Shannon）和马修（Matthew）各发了一瓶矿泉水，并说：“喝完了，可以把沿路的泉水加进去，这些水都很纯净。”接着，她突然问：“有人要去唱歌吗？”难道是要唱卡拉 OK ？原来，这是当地人对上厕所的委婉说法。我随后也“唱”了几句。

在水帘洞下，一对老年夫妇收了我们两元钱，让我们与他们的鸽子合影。老奶奶把玉米放在孩子们的掌心，吹了一声哨子，鸽子们纷纷飞起，在空中盘旋。最终，每个孩子的手上都停留了一只鸽子。这两块钱花得值！

雨季已过，水帘洞看起来更像是一个漏水的水龙头，不再如帘幕般垂落，但那陡峭的花岗岩悬崖、池塘和热带植被，为这微小的瀑布增添了一抹异国情调。

行至中途，池塘右侧的三贤祠映入眼帘，这座纪念堂建于 1147 年，于 1923 年重修。来自福建各地的人们络绎不绝，前来缅怀屏山先生刘子翚（1101—1147）以及他的两位高足——著名学者朱熹、刘甫。

武夷山自然博物馆

第二天一早，我们启程前往位于黄岗山上的武夷山自然博物馆。

如今，通往那里的车程轻松惬意，但我初次造访时，路况却颇为颠簸，我不得不双手紧紧抓住前面的座位，最后忍不住说：“我要坐前面的大巴车。”

“好主意！”司机赞同道，“接下来的路可不好走。”

至少，我们不必与行人、猪、鸡和拖拉机争抢这条颠簸且狭窄的道路。2000 年，武夷山市政府将自然保护区内的多数居民迁出。我们看到一些游客在河上漂流，但愿他们知道前方就是大坝。

这片郁郁葱葱的山谷让我想起了台湾的太鲁阁大峡谷，以及那里清澈的河流和光滑的巨石。武夷山特有的野生杜鹃花竞相开放，仿佛有人将深红颜料泼洒在悬崖之上。

黄岗山的美丽风光和多样生物令人赞叹，因此当我得知我们的目的地是一个现代化的博物馆和招待所综合体，并配备了宽敞的道路和水泥停车场时，心中不禁有些许失落。我原本期待的是在这里能看到老虎、眼镜蛇、小鹿，以及野猪在四处游荡。然而，想到吴光明花了数周时间，仅仅是为了一睹眼镜蛇搏斗的壮观场景，我便意识到，对于仅仅两个小时的游览，我的期待或许太过奢侈，但我很快爱上了这座博物馆。

馆内陈列着众多鸟类、爬行动物和昆虫的标本，足以弥补我的遗憾。当我意识到所有这些生物，特别是蛇，实际上就生活在道路两旁茂密的灌木丛中时，我对宽阔的道路、停车场，以及博物馆里的野生动物标本充满了感激之情。不过，猴子们还是十分活跃。

猴子们一听到大巴车驶来的声音，便从山坡上疾速奔下，直冲到停车场，争相抢夺游客手中的食物。有人甚至把自己全部的早餐——煎蛋、豆腐、水果和榨菜等都留给了它们，猴子们却不屑一顾，或许它们还想要一双筷子。

这些猴子活泼可爱，让人几乎忘了它们是野生动物，直到一只猴子咬了一个过于亲近它的孩子。孩子的父亲愤怒地冲着猴子大喊，并向它扔花生。那只猴子并不介意，它欢快地接住了每一颗投向它的“花生炮弹”，津津有味地吃掉了。猴子们一填饱肚子，就消失得无影无踪了。

几年前，有报道称在武夷山重新发现了一种体重仅 200 克、大小如老鼠的珍稀动物笔猴。据说，古代的中国文人对这些迷你猴子进行过训练，使它们能够研磨墨汁、递毛笔和翻阅书籍等。然而，这更像是对劳动力的剥削，因为这些猴子只能睡在笔筒里，为了花生等食物而辛勤工作。

宋代龙窑：遇林亭

在武夷山西侧的低地，有两座狭长的建筑，如同巨龙一般在山坡上蜿蜒盘旋。事实上，它们建造之初就是为了模仿龙的形态。遇林亭龙窑起源于商代，该遗址面积近 6 万平方米，是中国规模最大、保存最完整的宋代古窑址之一。宋代的瓷器碎片和陶模在这里随处可见，以至于早年当地人甚至用它们来砌筑田埂。

✿遇林亭龙窑

✡ 城村汉城遗址

城村汉城遗址

在武夷山市城南约 35 公里处，有一条我已经走过十几次的乡间小路，但我之前一直不知道它通向有着两千年历史的闽越王城遗址。

秦始皇统一中国后，闽越王无诸被降为君长。汉高祖刘邦于公元前 202 年复立他为闽越王，从此福建揭开了历史新篇章。然而，后来闽越王余善反叛汉朝，公元前 110 年，遭到杀害。汉武帝剿灭了闽越国，并将富丽堂皇的宫殿付之一炬。

如今，古代闽越国的辉煌已不复存在，仅剩这座占地面积 48 万平方米的建筑群遗址，它宛如一座被截断的玛雅神庙，只剩下几面重建的墙壁和房间地基的轮廓，周围是一大片草地，游客可透过地面覆盖着玻璃的方形门窗窥见原始的烤灰色瓷砖和几何图案。中心建筑区是宫殿建筑，有大门、门卫房、正殿、西厢房、西侧殿、东暖房及排水设施等。

闽越古井

我的同伴们用宫殿里有着两千年历史的水井为自己的水瓶加水，他们告诉我："潘教授，这里的水还是挺纯净的，可以治疗很多疾病。"然而，我不禁好奇，在游客络绎不绝的情况下，它还能有多纯净？就在几分钟前，一个倒霉鬼不慎将眼镜掉进了井里，谁知道在这之前还发生过什么。

闽越王城博物馆

闽越王城博物馆位于遗址南侧几百米处，是一座城堡式建筑，馆内有一幅巨型壁画，描绘了人民对闽越王的崇敬。博物馆内还有一尊闽越王雕像，以及出土的金、银、铜、陶瓷等珍贵文物，我们可以从中了解闽越王国的社会历史文化。

明代古村落

更让我着迷的是，就在离遗址几公里远的地方，有一个保存完好的明代村落。

吴光明来过这个小村庄很多次，但他的妻子和女儿是第一次来，所以她们和我一样十分着迷。

茶　馆

我们游览古村落的第一站是建于 1620 年的茶馆。年轻的茶馆老板赵善忠先生自豪地向我们展示了他的家谱，并夸耀自己是家族的第 37 代传人。

他问起我的身世，惊讶地发现我根本不知道自己的曾祖父是谁。我告诉他我是在猴年出生的，用“寻根”的方法可能找不到我的祖先，倒是可以去藤蔓和树梢看看，但如今看来，我似乎已经在中国的土地上扎了根。

茶馆的墙壁上题写着有 700 年历史的宋代书法，这些作品源自河南，明朝时被复刻到墙壁上。房间里的每一块木头，从屋檐、百叶窗到桌椅，都雕刻得极为精美。“很容易分辨木料是清代还是明代的，”茶艺师解释说，“明代的木料质量更佳，但清代的雕刻技艺更高超、更精细。”

定格了时光的古街

在我们礼貌地欣赏了宣传画、书法作品和家谱，喝了茶，品尝了当地的花生之后（茶馆老板告诉我们，当地的花生胜过龙岩的花生，不加调料，只用干净的沙子炒出纯正的风味）开始参观这个村庄。鹅卵石铺成的古街虽然略显粗糙，但远胜泥泞的小路。路中间有一条狭窄的光滑石板路，被自行车和独轮手推车占据，而独轮手推车正是中国人智慧和实用主义的缩影。

据说，三国时蜀国丞相诸葛亮发明了独轮车。独轮车的重心在一个巨大的轮子上，使用者只需要保持平衡并操纵好车把即可。这种极具实用性的独轮车能够运输农产品等各种物品，甚至是人，并且能轻松穿行于田间狭窄的田埂上。

古城的主要街道上散布着几家理发店，以及几家摆放着自制台球桌的小型台球室。老奶奶和孩子们蹲在门口，面前是一筐筐用牙齿剥掉壳的莲子。刺鼻的黄烟叶散发出阵阵香气，让我想起了我父亲的烟斗丝。街道上，大狗和小狗自由地奔跑。

吴光明说："这条街几百年都没变过。"

"以前也有台球桌和冰箱吗？"我问他。

"呃，除了那些以外……"

制茶人的匠心

看着几十个人在古老的院子里细致地整理茶叶，我决定从此不再将喝茶视为理所当然的事。他们精心分拣出最细小、最完美的茶叶，然后将茶茎剔除，这是一项极其烦琐的工作。很难想象，一壶茶的背后，凝聚了多少人力，而茶叶竟然还如此便宜。但真正让我感到惊讶的是，无论老少，每个人都热情洋溢地投入自己的工作中。

探访古宅

一位看门的老奶奶邀请我进入古城的妈祖古庙参观。她说："这顶帽子是一个外国人落在这里的，是你的吗？"

这是一座内陆古城，民间却崇拜海神妈祖。原来，在没有公路和桥梁的年代，至今仍在运营的古渡口使古城成为茶叶贸易路线上繁华的小镇。在我们的注视下，渡轮缓缓靠岸，几个老商贩推着满载货物的自行车下了船，准备前往古城交易。

在离开村庄的路上，我们在一座有着沙滩伞的小房子前停下脚步，那里有一个大冰柜，我们买了冷饮和冰激凌。古宅的前门敞开着，我们便走进去四处看了看，屋主并不介意。在中国，敞开大门通常被视为一种邀请（至少在农村是这样的，在城市我可不敢随便走进去）。

墙上挂着20世纪50年代的海报和政治性标语，小小的院子里摆满了盆栽，但最引人注目的是一盆盆大瓷碗兰花。兰花下方摆放着一个大缸，里面装着消防用的水。平时，他们会在缸里养鱼——这是当地家庭的常见做法。

古城的老奶奶们和鲤鱼村的老奶奶们一样，都随身携带木制的手炉。我问她们是否也有脚炉，给脚冷的老爷爷使用。她们笑着回答说："没有，但我们会让胆小的人喝茶。"

武夷山的茶

茶　道

早在1607年，荷兰东印度公司首次将茶叶从澳门运往欧洲时，就将这种令人心旷神怡的饮品命名为Bohea。咖啡因有刺激作用，茶叶含咖啡因，中国古代医学家就用茶叶治疗阳痿、瘫痪等各种疾病。

根据中国古籍记载，早在商朝时期，就已经有人出于药用目的饮用茶水。尽管福建在大约1000年前才有茶叶，但富有创新精神的福建人还是成功开发出了六大茶类中的两种。

中国人极为重视茶。一个台湾朋友送给我一小罐茶叶，价值200美元。“别浪费在我身上，”我抗议道，“我连可口可乐和百事可乐的味道都分不清，更不用说区分200美元1斤的茶和5毛钱1斤的茶了。”

然而，他坚持道：“你应该学会喝茶。品茶就像品尝美酒一样，要让茶香在舌尖轻轻荡漾，感受下咽后随之而来的回甘。”因此，他展示了闽南茶道，这种茶道被认为是日本茶道的源头，但相比之下更为简朴。虽然中国人似乎在生活的方方面面都讲究礼节，但他们从不让礼节束缚了对美食或茶的享受。

我的朋友用双手递给我一盏小巧的闽南茶杯，它精致小巧得仿佛是一个用黏土制成的小顶针，对于习惯了用超大杯和双柄德国啤酒杯的人来说，这样喝东西的效率有些低，低得令人感到沮丧。我闻了闻茶香，然后一饮而尽，咂了咂嘴，赞叹道：“好东西。”我的台湾朋友无奈地叹了口气，可能是在后悔把好茶浪费在我这个“没文化”的朋友身上。

不过这茶并没有浪费，回到厦门后，我的客人们都非常喜欢这款茶。

✿武夷山大红袍母树

茶味在心中

在一座弥勒佛大石像附近，坐落着武夷山最大的佛教建筑群——天心永乐禅寺。这座寺庙建于 879 年，是佛教“华胄八小名山”之一。寺庙的住持向我阐释了品茶的精神。

他对佛教的概述显然是为我这个“没文化”的听众量身定做的。他说观音菩萨可以比作硕士，而佛祖则是博士，但至今无人达到博士后的悟道巅峰。

住持一边冲泡茶水，一边解释说：“有些人分不清好茶和坏茶。”还没等我自告奋勇加入这个行列，他又补充道：“那是因为这些人缺乏精神内涵。品茶是教不来的，也是学不来的，它只存在于一个人的心中。”

我好奇地想，如果住持喝咖啡，他会有何感想？

不过，或许是他的教诲影响了我，又或许是他的茶确实美味，总之，我喝完后很是享受。或许，这只是因为水的缘故。中国人非常重视水，宁德人说，鱼的口感因时间、捕获地点、潮汐而有所不同。同样，据说优秀的品茶师不仅能辨别茶叶，还能辨别出茶水的水源。茶叶的风味每年都会随着气候和水中矿物质含量的变化而变化，幽静的武夷山谷正是大红袍这种极品茶叶的绝佳生长环境。

茶文化圣地

看门人将我们的门票撕成两半，并把票根还给我们，我们便顺着狭窄的石板路往上走。这条路沿着冰凉的小溪蜿蜒，而小溪则流淌在狭窄的黑色悬崖之间，悬崖上长满了苔藓、蕨类植物和野生杜鹃花。冰凉的小溪里，像大刺色鳅一样的小鱼在嬉戏。

武夷山湿润的气候、肥沃的土壤、狭长的山谷，以及日照（中午阳光强烈，其余时间较弱），共同为福建最优质茶叶的生长创造了绝佳的环境。

对于那些不喜欢喝茶或者不想徒步欣赏仙境般风景的游客来说，可以体验中国古代官员的待遇，乘坐由穿着古装的人抬着的五彩轿子。徒步路线大多平坦，维护状况良好，环境整洁，这一切都得益于人们对这片狭窄、幽静的茶文化圣地满怀深厚的敬畏之情。

尼克松与茶

我们踩着小石头穿过小溪，经过一座中式小亭子，进入一扇古老的大门，门上写着“禁止吸烟”，因为里面生长着六株大红袍茶树，这是地球上唯一的大红袍茶叶产地，具有无法替代的价值。大红袍是世界上最昂贵的茶叶之一，1972 年美国总统理查德·尼克松访华时，毛泽东赠予他 200 克大红袍茶叶，以此作为中美两国之间和平与友谊的象征。虽然 200 克的茶叶听起来数量不多，但实际上，这种茶叶每年的产量不足半公斤，只有达官贵人才有幸品尝。2005 年，仅仅 20 克的武夷山大红袍母树茶叶在拍卖会上以 20.8 万元的天价成交。

关于“大红袍”这个名字的由来，民间流传着多种传说。其中一种说法是，猴子穿着红色的袍子帮助天心永乐禅寺的善良僧人从最高的树枝上采摘来最好的茶叶。它们在茶树上跳跃嬉戏，就像一朵朵鲜艳的红花。另一个传说是一位被派去监督采茶工作的朝廷官员将身上的红袍挂在树上，加入采茶的行列中。

大红袍茶树生长在天心岩九龙岩壁的裂隙处，所有其他地方的红袍茶树都是这些原始大红袍茶树的后代。

大红袍茶树从不人工浇水，因此茶叶每年的风味都有所不同，主要取决于土壤中的矿物质含量和当年的天气情况，有的年份会有花香，有的年份则可能有奶香。有人告诉我，树龄较小的大红袍茶叶几乎带有一点奶香味，不过随着树龄的增长，口感会有所改变。

我这辈子可能尝不到大红袍母树所产茶叶的味道了，但大红袍的味道确实很不错。吴光明冲泡了一壶水仙红茶，说："这种茶比较少见，主要生长在自然保护区里，今年只摘了9公斤。这种茶不能用煤炭烤，要用木头，烤的时候还要铺上一层石头，这样茶叶里就留有石韵和木香。"这是我第三次听到有人对木头和石头的味道赞不绝口。

我嗅了嗅水仙红茶的香气，用舌尖品了品，然后用闽南小茶杯慢慢啜饮，似乎连我也能品出它的独特之处。

历史上的茶

我对茶的魅力或许知之不深，但世世代代的中国人都对茶顶礼膜拜，它甚至帮助塑造了西方的历史进程。欧洲对茶叶（以及丝绸和瓷器）的需求引发了鸦片战争，而英国的茶叶税则成了波士顿倾茶事件的导火索，愤怒的美国殖民者将从厦门运来的上等福建茶叶倒入波士顿港，点燃了美国独立战争的火焰，最终使英国承认了美国的独立。

欧洲人和中国人最初都将茶视为一种万能药兼饮品。200多年前，一个英国人经常跋山涉水来到武夷山采购茶叶，用以治疗自己的疾病。多年来，中国人总是告诉我说："茶对身体好。"如今，西方科学家也认为，茶，尤其是绿茶，是人类已知的最有效的抗癌武器之一。我可不爱听到"我早告诉过你"这句话，尤其是当十多亿人都这么说的时候。

下梅村

吴光明拍摄过一组珍贵的中国古典建筑黑白照片，是武夷山市以东13公里处的下梅村，就在通往五夫镇的路上。

村口有六七个老爷爷围坐在一起打扑克牌，他们证明了中国人不仅发明了打扑克牌的游戏，还创造了“扑克脸”这一概念。这表情真是绝了！即便是外国人的相机镜头对准他们，也没有打破他们的专注。

牌局的对面，一对铁匠夫妇正在敲打着烧红的钢铁。男铁匠自豪地说：“我的手艺是跟祖辈一脉相承的。”

他满脸络腮胡，身材魁梧，显得格外强壮，但他的妻子挥舞的锤子比他的还要大（虽然她没有络腮胡）。他们自豪地允许我拍下他们工作时的样子，甚至提出各种姿势的建议，为了更好地拍摄效果，他们还把火烧得更旺。

下梅村邹氏家祠

鄒氏家祠
承前啓後

蛇　医

如今的武夷山拥有一个占地面积 6000 多平方米的大竹岚拟态蛇园，园内有超过 10,000 条蛇。因此，下梅村有个“高人气”的蛇医王大夫，也就并不令人意外了。

王大夫自豪地说：“我的病人中，没有一个因为被蛇咬而丧命或截肢的。”考虑到他的病人曾被眼镜王蛇、竹叶青等各种毒蛇咬伤，其中以被竹叶青咬伤的病例最多，而且据说竹叶青比眼镜蛇更致命，他的医术的确值得称道。我也曾在厦门大学的山坡公寓外遇到过几条蛇（我家门廊上甚至曾出现过一条眼镜蛇），至今心有余悸。

王大夫的叔叔依据一本尘封已久的旧书，将古老的中药蛇伤疗法传授给他，但由于王大夫不识字，只能靠死记硬背。虽然他承认自己有时也会记错，但他的脑海中究竟蕴藏着怎样的药物宝藏仍是个谜。“有的时候，我得连续照顾病人 8 到 10 天，尤其是被五步蛇或竹叶青咬伤的病人。但要是他们选择去医院，就很可能丧命，或者缺胳膊少腿。”

我回应说：“在美国，医院的收费贵得也能让人搭上一只手脚。”

王大夫引领我们参观他的古宅，他的父亲自豪地向我们展示了他收藏的古董，这让吴光明这位不折不扣的古董收藏家欣喜不已。

告别了王大夫，我们在狭窄的小巷子里穿梭，抵达废弃的人民会堂前的大方厅，然后返回丰田面包车里。下梅村的居民和中国其他地方的人一样热情好客。

蛇 油

对于中国人而言，蛇是一种利弊共存的生物。因为蛇身上几乎每个部位都被视作药材，有着神奇的疗效。在武夷山，许多商店陈列着各式各样的蛇，种类繁多，令人难以想象——有的用酒精浸泡，装在大大小小的罐子里；有的则被盘成圈，晾晒成干。

蛇肉和内脏皆有其独特用途。蛇胆能缓解关节炎疼痛，通常与酒共服，以促进人体快速吸收其精华成分。据说蛇血也有同样的功效。

在武夷山庄的宣传册中，有一张照片引人注目，上面展示了三个玻璃高脚杯，里面分别盛满了蛇血、蛇毒和蛇胆——这张照片恰好在为荷兰女王准备的菜单背面。我暗自思忖，他们是否也给女王提供了蛇血，那需要很大的胆量。

其实，西方人长久以来也将蛇与治愈力量联系在一起。欧洲人曾用蛇泡酒来治疗各种疾病，立陶宛人相信吃了蛇人就能像蛇蜕皮一样祛病。

如今，美国人把中医和蛇油结合起来。你可以在网上订购蛇胆汁，以“祛风、止咳、化痰、散结”；你也可以尝试用蛇干粉来调节血液黏稠度，提高免疫力和预防痤疮。

如果你对蛇油或那些神奇的药酒不感兴趣，市面上还有蛇皮包、蛇皮钱包或蛇皮腰带供你选择，但我劝你买腰带时要小心点。我就曾买过一条，一个月后，当我无意中看到那条蛇皮腰带在床边地板上蜷缩着，差点被吓得魂飞魄散。

武夷山上的商店里的福建茶叶、食用菌以及中国手工艺品等价格都极为实惠。

我喜欢那些带有暗格的中国木制拼图盒，以及福建农民手工编织的棕榈蓑衣和斗笠的微缩复制品，而我的中国朋友们则对蛇酒情有独钟。

政和县有白茶

政和县和宁德周宁县相邻，在离开周宁前往屏南途中，我就路过了政和县。国道旁边的小镇虽然地处偏远，但十分繁华，是福建两大白茶生产地之一。白毫银针是用早春采摘的未开花苞的嫩芽制成的。白茶色泽淡黄，滋味甘甜，搭配白玉芋饮用最佳。有人告诉我，它不仅能促进消化，还能治疗各种疾病。

从政和县的住宅、办公楼、百货商店到铺着漂亮瓷砖的第一中学，都能看出政和县的繁荣景象。在城南的山脚下，有一座大教堂，而在教堂前面的山顶上，则分别有一座宝塔和一座寺庙。

我停下车来加油，服务员看到我这个外国人没有表现出丝毫的惊讶。“嘿，”她问道，“你要加多少油？”

“请加满。”

“嘿，好嘞！”

她让我想起了厦门电视台一个来自内蒙古的主持人丁江，他说话时都是以“嘿”开头。

“武夷山在哪边？”我问她。

“嘿！”那个活泼的女孩回答道，“往那边走。”

“嘿！”我回应道，“非常感谢。”

在我开车离开时，一辆十八轮大卡车的司机问那个女孩：“那个外国人会说中文吗？”

“嘿！”女孩回答道。

在一个岔路口，一名警察正在给一长串被他拦下的车辆开具罚单。巴顿将军曾说过，强有力的进攻就是最好的防守，所以我在他示意我停车之前就踩了刹车，跳下车问道：“去武夷山最好走哪条路？”

他盯着我看了一会儿，似乎在计算，这个金发“野蛮人”如此无礼地提问该罚款

✿ 茶园风光

多少，然后说道：“往南走，一路顺风。”

“嘿！”我回应道，“谢谢。”

虽然当时路况并不像我期望的那么理想，但比起 100 年前从福州到建瓯坐船需要 3 周时间的情况，已经好太多了。今天，从厦门驱车前往武夷山只需 6 个小时，不过我会选择乘坐 3 个小时就能到达的高铁。

去建瓯看灯笼

建瓯古城的外围，一排排茶树整齐地铺展开来，山坡上仿佛覆盖了一层绿色的灯芯绒。在建瓯凤凰山上，宋代北苑御焙遗址就在此，这里出产中国古代最好的茶饼——龙团凤饼。此外，建瓯还以竹子及生产奇特的纸灯笼而闻名。

在香港的家居店，我曾经被这些精美的折叠纸灯笼吸引，但当时并不知道它们来自福建省建瓯市的工艺品厂。

我不知道最初是谁想到了要把建瓯打造成一个灯笼制作中心，但显然，其他人已经看到了这个市场的曙光。现在，镇上有几家工厂都在生产极具创意的灯具。仅仅为了看灯笼，建瓯也值得一游。

✡建瓯古城

第八章

南平：人间秘境

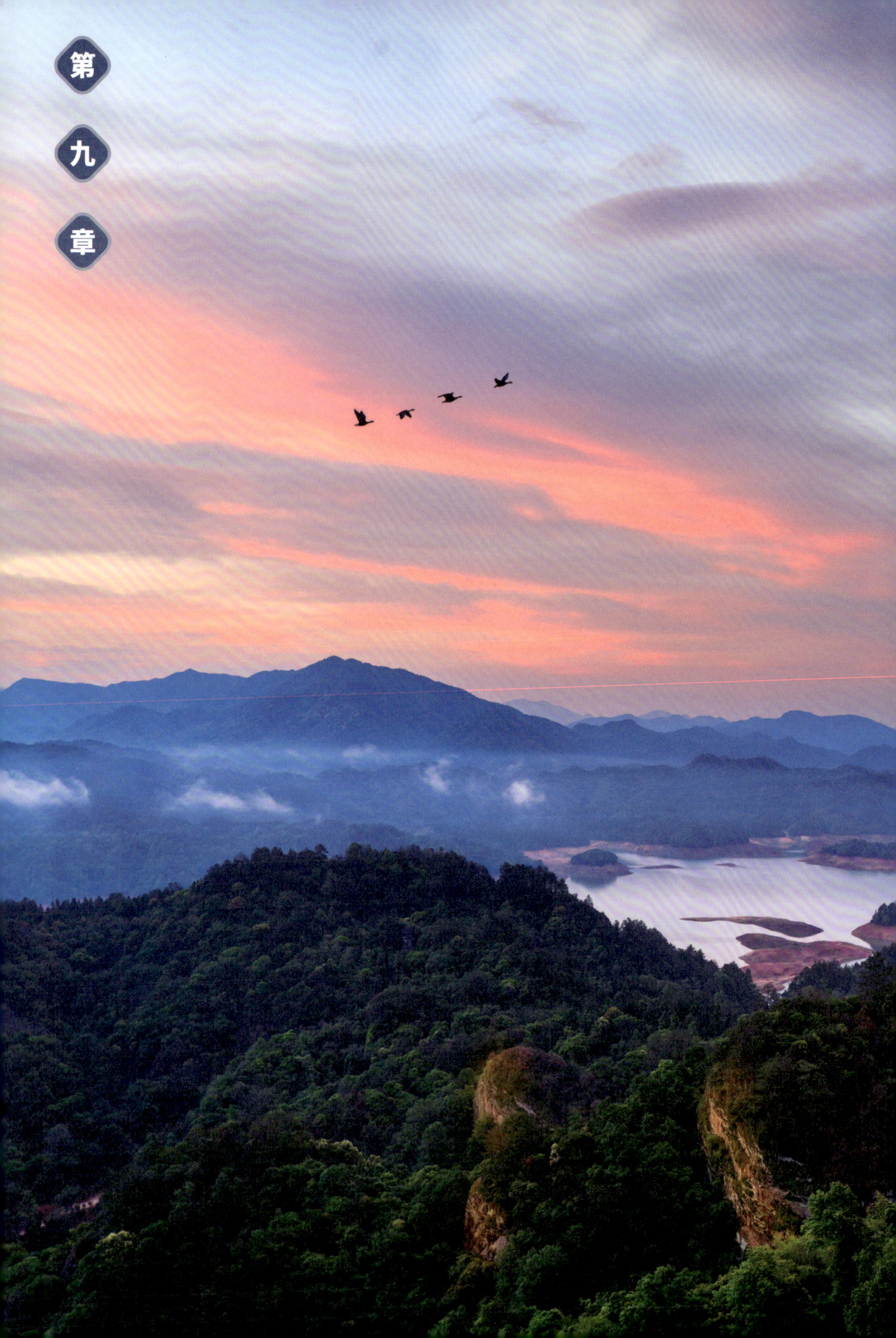
第九章

三明
客家祖地

当地人称，直到20世纪50年代末，三明仍是一个小巧的城镇，田间劳作的农民都能听到邻里在家中磨黄豆做豆腐的声音。二战期间，福建省政府曾搬迁至此，因为三明地处偏远，日本人难以找到三明。据说，当时居住在山坡房里的农民甚至无须从竹摇椅上起身，就能击落穿梭于翠绿深谷中的日本轰炸机，而日军沿沙溪河发起进攻时同样遭遇了重重困难，从福州驶向三明的船只在浅滩中艰难划行，或只能从岸边拖曳，整个过程需耗时4天。

如今的三明已不再是一个山区小镇，它蜕变成一座拥有近250万人口的城市，2023年的国内生产总值（GDP）达到3000.10亿元。夜晚时分，沙溪河与灯火辉煌的高楼大厦交相辉映，绚丽的彩灯穿梭于树丛与街道之间，将现代的亭台楼阁与古老建筑串联成一幅璀璨的画卷。桥梁上闪烁着红色的霓虹灯，山顶的无线电塔散发出红宝石般的光芒，颇似夜幕下的埃菲尔铁塔。傍晚时分，游轮如同圣诞装饰品般闪闪发光。

三明市与香港的近邻深圳一样，都是规划得当的现代都市。这里没有古城镇那些棱角分明、专为镇住国内外妖魔鬼怪而设的狭窄街道。相反，这里的街道笔直宽阔，两旁还配备了宽敞的自行车道。

前往沙县

“够了！等会儿再加菜！”

我们在三明一家小餐馆用餐时，我忘了事先确认价格，但当账单递到我手中时，价格实惠得让我萌生了想要主动加价的念头。

在中国各地的餐馆里，服务员总是热衷于向顾客推荐价格最高的特色菜，但这并非单纯为了提高利润。他们真心希望我们能像中国人一样，愿意品尝当地美食。尽管如此，当我们点了一些熟悉的中式菜肴时，服务员还是会不厌其烦地提醒：“够了！够了！先吃这些，如果还觉得饿，等会儿再加菜！”

这样的场景，在美国服务员的身上可是难以想象的。

席间，我的三明朋友洪先生自豪地说：“沙县的扁肉是中国顶尖的，在美食比赛中四次夺得金牌，我们的花岗岩碗和木槌能让扁肉保留木香和石韵。”为了证明这一点，他把我们带到了中国的小吃之都——沙县。

沙县小吃：主菜在哪儿？

一千多年前，中国中原一带的人们纷纷南迁至沙县，带来了各式烹饪技艺。经过几个世纪的演变，沙县成为美食的天堂，逐渐孕育出当地独特的美食。这些美食不但丰富多样，而且温和适口，能够迎合食客对各种口味的偏好，甚至像我这样对美食一无所知的人也能找到所爱。洪先生解释道：“无论你想吃热的、甜的、酸的、咸的，还是苦的，只需将食物蘸上合适的酱汁即可。每个人都能按自己的喜好随意搭配，这就是沙县的大众餐饮。”

沙县小吃基本上没有主菜，以开胃菜为主，一道接一道，精致而多样。主人推荐说：“这里有 160 多种小吃，你应该至少待上一个星期，每天尝上

沙县小吃

十几种。”虽然我只尝试了几十种，但每一种都让我爱不释“口”。

女服务员陆续端上各种小碟，里面有蘑菇、素螺、小巧的蛤蜊、榨菜、小鱼干、海带和咸花生等。豆腐也有多种做法，有腌制的、油炸的、水煮的、炒制的，还有卤成巧克力色的方块豆腐。一小碗牛蛙汤里，有条小巧的牛蛙腿，吃起来非常像小鸡腿。我尤其偏爱沙县的四大名小吃：烧卖、扁肉、芋包和包心豆腐丸，但最让我着迷的还是那种被称为小麦丸的肉丸。

我们点的甜点是多汁的青柰，同伴们说这是一种桃子和其他水果的杂交品种，只有沙县才有。鉴于他们已经把最漂亮的姑娘和最好吃的扁肉都占为己有了，于是我告诉他们我在宁德也买过，把他们拉回了现实。“味道不一样，”我的同伴有些不快地说，“宁德的没那么甜。”

“水土不同，对吧？”我问他。

“没错，”他回答说，“就是这个道理！”

沙县小吃街

在三明市政府左侧，霓虹灯闪烁的“沙县小吃街”是价格最亲民、气氛最热闹的地方。小巷两旁是一间间风格迥异的店铺，每家都有自己独门的特色美食，这里是地球上最适合享受流动晚餐的地点。

大幅的菜单照片让即使不识字的老外也能轻松点菜，指着照片就能享受到美食。令人欣慰的是，沙县美食不但美味，而且价格实惠，但这并不妨碍沙县人在中国乃至世界各地赚得盆满钵满，正如我在探访沙县传奇美食之乡夏茂镇时所了解到的那样。

夏茂镇——沙县小吃之乡

我参观夏茂镇时了解到，该镇 3 万居民中有一半在其他地方经营生意。而在拜访罗先生之前，我从未想过一个小小的小吃店能够带来这么多财富。他从借来的 1 万元起步，用了 10 年时间，凭借在福州、厦门和深圳开店赚的钱建起了一栋 4 层楼房。“这里挣一点儿，那里挣一点儿，”他咧嘴笑着说，“把这些小钱加起来，就足够了！”接着，他指着自家的房子说：“钢筋是靠卖面条买的，砖块是靠卖扁肉买的！”

20 世纪 90 年代，习近平让沙县名扬四海。

习近平在福建工作了 17 年半，从 1996 年到 2002 年间，他曾 11 次来到三明，深入了解当地的情况。在 1999 年的一次考察中，习近平意识到沙县小吃作为一个细分市场的重要性，并于 2000 年再次回访沙县，与当地政府工作人员探讨如何将沙县小吃打造成当地的经济支柱。

为了提升品牌质量和声誉，沙县小吃同业会应运而生，为从业者提供培训和指导。如今，夏茂镇街道两侧美观的新民居林立，当地居民的生活水平得到显著提升。中外游客不仅可以品尝到沙县小吃，还可以品尝到沙县辣椒酱、花生酱、酱油、豆瓣酱等日益丰富的食品系列。

我发现，沙县人总是勇于撸起袖子加油干。在参观老潘头食品工厂时，总经理本人身穿西装、打着领带，却脚踩胶靴，正在大门口用扫帚和水管清洗车道。他停下手中的活向我们打了个招呼，又去忙自己的工作。

三明在环保方面的创新给我留下了深刻的印象。例如，当地的味精厂采用头季大米来生产葡萄糖，葡萄糖是制造味精的原料。第一阶段产生的废料被用作动物饲料，废水则经过处理转化为肥料。正如一位三明企业家告诉我的那样："我们不浪费任何资源，也不破坏环境。"

2021 年，习近平主席再次来到沙县，与当地的商贩进行交流。我希望他能尝尝小麦丸。

射箭与戏曲

沙县不仅因盛产小吃和美女而闻名，也以体育运动著称。沙县是福建首屈一指的射箭中心，在我抵达的当天，这里恰好正在举办全国射箭比赛。当地人还热衷武术（三明有一所武术学校），以及独特的戏曲表演。当地朋友兴奋地告诉我："沙县有一种中国绝无仅有的戏曲表演——肩膀戏，儿童站在成人头上进行演出。今年，演员们将去澳门演出。"

"干吗不让成年人演，"我打趣地说，"他们个子够高，不需要站在别人头上也能被看见。"

"这不是重点……"

"我只是开个玩笑，"我赶紧打断说。

至少，沙县的表演者在竞争中是"高人一等"的。

前往永安市

安贞堡

安贞堡的壮观令人惊叹，它位于如此偏远之地，以至于很少有老外见过它。如今一条新修的公路从三明出发，蜿蜒向东，穿过福建最美丽的山谷之一。当然，我对福建的其他山谷也有过同样的赞美。

当看到路标上显示“安贞堡 00KM”时，我感到困惑不已。理论上，“00KM”意味着它就在我们脚下，难道是安贞堡隐形了？

我继续开车前进了一公里，然后掉头返回，完全不知所措。后来，我在一家生产千年不变的灰色瓦片的小工厂前驻足拍照，借机向一个工人打听安贞堡的具体位置。他笑着指了指“安贞堡 00KM”路标旁的一条狭窄小路。我们沿着小路徒步攀登，到达山顶后，看到山谷中隐匿着一座堡垒，仿佛随时准备抵御入侵的中国军阀、日本海盗、洋鬼子，以及推销员等。

随后，我们继续沿着又窄又滑的田埂徒步前行，却发现来到了后门。我说：“没关系，我习惯走后门（中文的“后门”类似于英文中的‘桌下行动’）。”

安贞堡占地面积达 10,000 平方米，四周的城墙高 9 米，厚 4 米，整个城堡本身的建筑面积为 6000 平方米。

木制的大门厚 15 厘米，外覆铁皮，两边各绘有两个面目狰狞的门神，内门上绘有鱼的图案。1000 多年来，人们一直相信鱼能带来富裕和健康，不过周宁的鲤鱼村也许是个例外。在中国古代，位于中央的大门只在主人接待贵宾时敞开，其他人则需从左边或右边的小门进入。

安贞堡始建于 1885 年，完工于 1899 年，至今仍保存完好。

城堡内共有 368 个房间和 12 间厨房。城堡两侧各有 6 间厨房，每个厨

房上方都设有陶瓷制成的“鳄鱼通风口”，这些通风口不但具有装饰性，而且非常实用。厨房上方的二楼设有粮仓，配有可活动的地板和溜槽，极具创意，这样谷物就无须搬运下楼。

城堡内的居民向我介绍，前院的水井曾清澈见底，但当地的建筑工程影响了地下水位，破坏了这一切。

这座庞大的堡垒设有备用客房、两个公共淋浴间（分别为男浴室和女浴室）、两个公共厕所，以及十个用于存放贵重物品、防止盗窃和火灾的保险库（不过，在1958年，这些保险库的巨大钢门被拆除）。

楼上散发出的异香来自蝙蝠的粪便。蝙蝠之所以被人们容忍，可能是因为中文里“蝙蝠”的“蝠”与“富”谐音，我在参观清朝末代皇帝的老师在福州的故居时，了解到了这一点。

✡安贞堡内景

城堡两侧的角楼拥有巨大的中柱和横梁，像巨大的木制伞架。这两座角楼加上后方向高处的延伸部分，既能为守军提供保护，又能让他们有效地射击企图翻越城墙的攻城者。城堡内设有水井，水源十分安全，因为攻城者不太可能，也做不到往整个地下水层投毒。

堡垒的排水系统设计得十分精巧，有 8 个排水角度和 3 个地下蓄水池，这样水流就不会过快（古代中国人认为水流过快会冲走好运）。瓷砖上的螃蟹图案也寓意留住好运。在设计精巧的水渠中，水能够顺畅流动，即使在暴雨期间，也能防止土壤流失。

二楼是主人的起居室，原本装饰着精美的雕刻和雕像，但在“文化大革命”期间被毁坏了。我的导游感慨道：“艺术家们用了 14 年的时间创作了这些无法复制的艺术作品，却在一夜之间毁于一旦。不过现在安贞堡已被列为全国重点文物保护单位，我们会筹集资金买回一些被盗的传家宝。”

深色的木质屋檐下，色彩斑斓的马赛克瓷砖保存完好，以蓝色、白色、黄色、绿色和棕色为主，让游客对安贞堡昔日的辉煌有了直观的感受。瓷砖上的图案生动再现了各种场景，其中一幅图描绘了4个人在观赏太极图，另一幅则是几个人在下围棋，还有一幅图以鱼为主题（据说寓意防火）。

我告诉导游，这些瓷砖看起来跟我在路边工厂里看到的瓦片极为相似。他回答说：“现在的生产方式已经不同了。以前的瓷砖经久耐用，而现在生产的瓷砖可能连100年都撑不过。”

安贞堡地处偏远，被批准为国家4A级旅游景区后，道路得到改善，因此非常值得一游。

格氏栲国家森林公园

格氏栲国家森林公园位于三明市西南大约26公里的莘口楼源小湖村，占地面积达1125公顷。据说，格氏栲是一种极其稀有的树种，稀有到我在来之前从未听说过它的存在。保护区内栖息着许多野生动物，包括巨蟒（在福建似乎无处不在）、黑熊、云豹、果子狸、白鹇、穿山甲等珍禽异兽。

明溪县——蓝宝石之城

我从小就喜欢收集各种石头，所以当听说明溪县是中国四大蓝宝石产地之一时，我非常兴奋。

1980 年，科研人员在明溪县城西北约 16 公里处的翠竹洋村意外发现了蓝宝石。砾石中还有一定数量的镁铝石榴石、白锆石、辉晶等。

我驱车前往明溪县，希望能在溪水中找到几颗宝石，可惜一无所获，最终还是在商店里购买了宝石，但这次经历依然充满趣味，也颇具教育意义。

当我们沿着河流穿过笼罩在神秘晨雾中的山谷时，丰田面包车发出了咕噜咕噜的声音。灰色的群山与灰色的云朦胧地融为一体，我分不清哪里是起点，哪里是尽头。乌云看起来像树一样，不，那真的是树。迷雾最终消散，呈现出令人难以置信的美景。

一行行白鹭在绿宝石般的田野上翱翔。中国人总是赋予白鹭诗情画意，厦门则自豪地称自己为鹭岛。在我的家乡，我们称白鹭为牛鹂，因为它们吃牛身上的昆虫。但我猜，鹭岛这个名字比牛鹂岛更能吸引游客。

闽西的干净令我深深着迷。在闽西的农家，无论是朴素的土房，还是粉刷一新的灰墙，里里外外都是一尘不染。阳台上放着自制的扫帚，看起来像装饰品，但显然已经使用过多次。唯一显得有些杂乱的地方是猪圈，但正如一位农民告诉我的那样，“物尽其用，垃圾自然就少了”。

宝石与蘑菇

我把车停在一群戴着哈克贝利·费恩式草帽的爷孙旁，好奇地问：“篮子里装的是什么？”

女孩腼腆地笑着，向我展示了她早上收获的野生红菇。这些蘑菇只在 8 月底、9 月初才能采摘到，市场上每公斤能卖到 40 多美元。“它们真漂亮，”

我说，“我能给你和你的蘑菇拍张照片吗？”

“你想给我拍照？”她惊呼道。她仿佛天天在练习摆姿势一样，把篮子朝我这边倾斜了一下，咧着嘴笑着说：“这样可以吗？”

我拍了几张照片，又问道：“这附近有蓝宝石吗？”

“我不知道，”她回答，“从没见过。但蘑菇比蓝宝石好多了。”

“为什么？”我继续追问。

“因为石头又不能吃！”她调皮地笑着，话音未落，便追逐着爷爷和哥哥的身影跑开了。

行驶了几公里后，我遇到了一个年轻人。他手里拿着一根长棍、一把镰刀，还有一个篮子，篮子里装着大约 1 公斤的红菇。他露出了灿烂的笑容，愉快地摆出了拍照的姿势。

明溪有许多从事宝石行业的公司。我参观了一家成立于 1993 年的公司，刚成立时只有 8 名员工。那时候，明溪县政府鼓励当地家族企业创新，所以这家公司在 1995 年开始经营来自全国各地的各种水晶——新疆的海蓝宝石、云南的祖母绿、红宝石，以及明溪当地的蓝宝石、石榴石、锆石等。

开拓国外市场之路充满艰辛。在一次国际贸易博览会上，买家直言：“这样的商品我们在其他国家也能找到。”但明溪这家公司的代表回应：“我们的产品更优质、价格更实惠、交货更迅速，而且可以满足各种规格的需求。”他们制作了一些样品，自此，在国外的业务开始蓬勃发展。不过，挫折和挑战在所难免。林先生说：“这很大程度上受到多变的供应链影响。宝石的数量、质量，以及不同买家对规格的特定要求，都对我们构成了挑战。”

宁化县——客家祖地

离开明溪县，我踏上了通往客家祖地宁化县的西行之路。在一条平整的水泥路上，我紧跟在一辆满载木材的卡车后面，缓慢地行驶着，心中不禁涌起一丝沮丧。然而，当我加速超越这辆卡车时，我注意到司机正对着我露出狡黠的笑容。就在这时，“砰”的一声，我的丰田面包车重重地跌回了地面，头几乎从肩膀上弹起，这时我才恍然大悟，原来他减速是为了避开公路上的大坑。我瞥了一眼后视镜，只见他依然咧嘴笑着。

宁化的政府工作人员请我吃午饭，并郑重地告诉我，宁化的扁肉最好吃，因为它不是舂出来的，而是用刀剁碎的，这样能更好地保留肉的原汁原味。我本想调侃一下他们是否更喜欢金属味而不是木香和石韵，但还是忍住了。

客家人是这片土地上的新居民，在找到这个天然堡垒之前，经历了漫长的流离失所。客家人终于找到了他们的家园——一个被群山环绕，田地平坦的深谷盆地。

客家祠堂遍布三明乡间，1995 年政府在石壁镇划拨土地，并出资 600 万元帮助建设客家公祠。每年，尤其是节日期间，来自世界各地的客家人都会回到这里祭拜。在通往公祠的石路上，客家人排成长长的队伍，前排的人们挥舞着黄色的旗帜，只有在节日里，公祠的大门才会打开。

公祠内陈列着一排排深色的木制灵牌，代表了 160 个不同的姓氏。导游在名单上找到了我的中文姓氏“潘”，按下了 52 号按钮，露出灿烂的笑容，并指了指后排一块石板上闪着微弱光芒的红色灯泡。不过，我的朋友向导游解释：“他是外国人，不是真的姓潘。”

导游惊讶地问道：“他没有祖先吗？”

二楼是客家文化和风俗博物馆。这里陈列的物品淋漓尽致地展现了客家人的聪明才智，包括古老的木制麻布织机、巧夺天工的水车和无与伦比的独轮手推车。

在 160 个客家姓氏中，有 40 个姓氏有世代相传的族谱。导游显然还不相信我是个外国人，也不是真的姓潘，她告诉我，由于她们还没有潘氏家族的记录，因此无法告诉我我的家族源自何方。我回应她，这样也许更好。

✡ 客家祖地

去往建宁的路上

从石壁镇出发，我向北前往建宁县，一路上尽力避开那些骑自行车和摩托车的人，他们似乎对这个世界毫不在意，但如果他们忘记了自己与汽车和卡车共用一条道路的话，很容易为此付出代价。我已经忘记了福建的道路改善了多少，直到这条狭窄、曲折、颠簸的柏油路唤醒了我的记忆，也唤醒了我的脊椎。

我载了两个需要搭车的人，他们立刻问我："你能赚多少钱啊？"我对此并不感到意外。中国人经常询问我们这些外国人从哪里来，在哪里工作，赚多少钱。我回答道："我赚的钱够交税，但不够避税，你们呢？"

我第一次去闽西时，那里的人们非常贫穷，这主要是因为他们居住的地方太偏远。然而，随着纵横交错的新公路和高速公路的建设，他们能够将蘑菇、莲子等农作物运往市场销售，生活水平也迅速提高。

几十个眼睛明亮、面色红润的孩子或步行或骑自行车上学。他们向我投来微笑，并用英语大声喊道："你好。"还有两兄弟骑着水牛，摆出姿势方便我拍照。

我开始相信，水土可以养人，对健康和美丽确实有着深远的影响。

到达建宁后，我又向东驶向泰宁。丰田面包车在崎岖的山路上艰难行驶，而泰宁以西洞穴密布的喀斯特地貌则令人叹为观止。

前往泰宁

到泰宁时，已是晚饭时间，几乎家家户户都在户外的树荫下围坐在圆桌前大快朵颐。虽然不是节日，但泰宁的气氛依然充满喜庆。

我将丰田面包车停好，与我的泰宁朋友们一起吃晚饭——虽然不是在树下。我们品尝了田螺、山野红菇豆腐煲、葱爆野猪肉、红辣椒炒竹笋片、红烧带鱼、饺子、山鸡汤、米粉等山珍海味，还有六七种其他我叫不上名的美食。这些食物在山区很实惠，但海鲜相当昂贵，泰宁朋友提醒我，能生活在每天都可以吃到土笋冻的地方是幸运的。的确如此。

尚书第

泰宁尚书第是福建现存规模最大、保存最完整的明代民居。刚一进大门，我就看到门槛上躺着一个 3 岁的小女孩，她瞪着我，那神情仿佛在为将来当丈母娘做准备。

1992 年，华侨黄双安先生捐资 60 万港币修缮尚书第，县政府为其立碑记颂。尚书第实际上更像一座小型围墙村落，中央的小巷两侧是一排排望不到尽头的房间。院子里的石制蓄水池不仅可以养鲤鱼，还可以用来灭火。

我被六七间房间里满满当当、栩栩如生的等身蜡像震撼，一时之间，分不清自己是穿越回了明朝，还是在迪斯尼的奇幻世界里。你只需往木箱的插槽里投入一枚一元硬币，蜡像便活灵活现地动起来，动作夸

✿ 尚书第

尚书第内景

张，声音响亮。

在一个房间里，一个蜡像少女为三位喝茶的蜡像人端上寿桃。隔壁房间，两个女孩蹬着曲柄木槌敲打，另一个女孩则在巨大的木盆里搅拌糯米。在第三个房间里，旋转着的蜡像青年正在舞龙，每个青年肩上都扛着一块木板，木板上不偏不倚地挂着一只灯笼。这些场景制作得非常精良。

当我走进尚书第旁的明代戏院时，看到十几个年轻演员正懒洋洋地坐在竹椅上练习台词。他们看到我这个外国人时显得有些惊讶，但很快就恢复了平静，其中有几个人用英语说："你好。"还有一个人打了个哈欠，说："再见。"

大金湖

沙县人以当地女孩的美貌而自豪，常说"沙县出金"，而泰宁山区则以闪耀的黄色金属——货真价实的黄金闻名。发源于泰宁县境内的金溪河中的砂金含金量很大，金溪淘金历史悠久，一直延续至20世纪70年代末。

我甚至还带回了一块镶满金子的矿石。大金湖我真希望有时间去挖掘一番。

虽然如今金溪的黄金产量有所下降，但自从政府在河上筑坝修建大金湖以来，旅游业赚得盆满钵满，尤其是在这个偏远地区通了高铁之后。

上清溪风景区在大金湖上游，蜿蜒于洞穴密布的红色悬崖和青山之间，全长 50 多公里，风景秀丽，号称河道中有 99 个弯道和 88 个浅滩，足以让人惊叹不已。

“你们这里有很多野生动物吗？”我问道。

“当然，”一个男人回答说，“我们和武夷山有相似的气候和山脉。他们只是比我们宣传得更好，我们这儿也有熊、野猪、黑豹。”

乘船游览水域面积 38 平方公里的大金湖需要一整天的时间，早上 8 点出发，中午在船上用餐。价格是固定的，童叟无欺。

大金湖湖边每天有很多人垂钓，许多人试图钓到 20 世纪 90 年代从江苏省引进的细小、透明、无骨的鱼。

林先生和王先生每个周末都会来湖边钓鱼，每次都要带上六七根鱼竿。林先生夸口说，他曾经钓到一条重达 18 公斤的鲳鱼。然而，关于钓鱼的故事，无论是在中国还是在地球上的其他角落，似乎都有一个共同点，随着人们的每一次复述，鱼的重量似乎也在不断“增长”。

✿ 大金湖

游览将乐县

在游览了大金湖之后，我又参观了金矿，然后继续向东前往将乐。将乐因“东越王乐野宫在是”“邑在将溪之阳，土沃民乐”而得名。

玉华洞

将乐最著名的景点是玉华洞，它是福建最长、最大的石灰岩溶洞，也是中国四大名洞之一。中国伟大的游记作家和地理学家徐霞客（1587—1641）曾称赞此洞“炫巧争奇，遍布幽奥”。玉华洞，长达5公里，是“福建三绝”之一，其他两绝分别是武夷山和九鲤湖。玉华洞内有6个支洞、3条溪流和169个景点。

✡ 玉华洞

开启新
开发商：

第十章

平潭
中国的马尔代夫

虽然我曾驾车穿越中国广袤的土地，包括西藏的喜马拉雅山高地，但中国第五大岛平潭却因为没有桥而让我望而却步——但这并没有阻挡青年习近平的步伐。

从1990年6月开始，习近平多次考察平潭。尽管平潭地处海陬僻壤，但习近平仍多次到平潭考察。他被平潭7000年的文化和与台湾的深厚历史渊源吸引，下定决心帮助这个被当地人形容为“寸草不生”的小岛摆脱贫困。

在习近平的不懈努力下，“不可能的大桥”最终顺利建成。他第21次到访平潭时也终于坐上了汽车。而如今，这个地方已经成为我最喜欢的福建景点之一，乘坐高铁即可前往。

我住在平潭北港村一家非常舒适的民宿里，这是一座有几百年历史的石头厝，由一个年轻的台湾企业家改造成民宿。平潭是大陆距离台湾岛最近的地方（乘船只需3个小时），也就是说，晚上我们在平潭可以品尝到台湾农民当天早上采摘的新鲜水果。年轻的台湾女老板告诉我：“我原以为到了平潭会想家，但后来发现我在福建的亲戚比在台湾的还要多。”

平潭全年气候宜人，夏季平均气温28℃，冬季平均气温11℃，非常适合游客徒步旅行，探索那些风景如画的山谷。你也可以从岛上租一辆自行车，悠闲地在微风吹拂的海岸骑行。对于喜欢有氧运动的人来说，平潭也是理想的去处，它是中国体育旅游的首选地之一，举办过各种国内和国际赛事，包括自行车、沙滩排球、公开水域游泳和风筝冲浪等比赛。2019年，平潭国际风筝冲浪节吸引了来自20多个国家和地区近150名风筝冲浪高手参赛，他们在这里角逐5万美元的奖金。

但我更偏爱冥想式的放松方式，比如在长达9.5公里的龙凤头海滨浴场的金色沙滩上沐浴阳光，或是在岛上的音乐蓝石上演奏“石头乐”（这些蓝石与英国的巨石阵有着不同寻常的联系）。在4月至8月的夜晚，如果你在海滩漫步，还可能会遇见如梦如幻的“蓝眼泪”，那是一种仿佛从电影《阿凡达》中提取的磷光蓝色波浪。

平潭最吸引我的地方是它长达7500年的历史。

✿ 平潭大桥全景

南岛语族先民的发源地

据考古发现，平潭岛可能是南岛语族的发源地。南岛语族早期人群开创了远洋航海技术，成为世界上最早的一批真正意义上的海上“移民”。正如加州大学洛杉矶分校的罗伊·汉密尔顿（Roy W Hamilton）所言：

> 在史前时期，南岛语系民族已经踏遍了太平洋和印度洋，他们的足迹遍布地球的广阔海域。而且早在欧洲人探索大洋之前，他们仅凭独木舟就征服了广阔的海洋。

大约4200年前，南岛语族早期人群的足迹北至中国、夏威夷群岛，东至复活节岛（距智利海岸3540公里），南至新西兰岛，西至马达加斯加岛。种种迹象显示，他们甚至可能踏足欧洲。

如今，使用马来语（马来西亚）、爪哇语（印度尼西亚）和他加禄语（菲律宾）等1262种南岛语系语言的人口约有2.7亿，而南岛语族的扩散可能始于布满岩石的平潭岛。

平潭考古遗址：闽台文化纽带

古代福建的百越人与台湾高山族居民之间存在诸多相似之处，高山族祖先即为百越中闽越的一部分。如福建武夷山地区的蛇图腾崇拜、崖葬风俗、断发、文身、拔牙传统，以及婚后与岳父母同住或邻近居住的习惯，都可以证明古代闽台之间紧密相连的历史文化。1985 年，考古人员对位于南垄村东北部的平潭壳丘头遗址的考古发掘，更是为这种联系增添了有力的证据。壳丘头遗址距今已有 6500—5000 年的历史，是福建省迄今发现的最早的新石器时代遗址之一，也是研究闽台文化渊源的关键性遗址之一。

平潭岛上现有近 30 处考古遗址，其中包括壳丘头遗址、龟山遗址、东花丘遗址等。平潭岛甚至还有一个海坛海峡水下遗址，该地区闻名遐迩的汹涌海浪，曾导致许多船只沉没。

平潭岛与台湾隔海相望，早在宋朝，朝廷便已在平潭设立海上管理机构。清朝时期，水师以平潭为重要基地，康熙皇帝更是开创了两岸军队每隔三年在平潭海坛镇

✿ 海坛古城

和台湾澎湖水师之间换防的制度，这一传统延续了 200 多年。

这些“轮班士兵”守护着海峡两岸的和平，他们先是抗击海盗，后又抵御不断袭扰的西方列强——这些西方列强所谓的“贸易”，不过是得到国家支持的海盗行径。历经数个世纪，“轮班士兵”对海峡两岸的地理环境、气候特点和文化习俗了如指掌，他们将积累的知识和经验代代相传。许多来自平潭的士兵在台湾扎根，与当地女子结为连理，而台湾的士兵也在平潭服役。

数百年来，两岸紧密的文化和经济交流，造就了平潭岛的繁荣昌盛。繁华的南街成了商业枢纽，台湾和平潭的商人们在此开设了一家又一家商铺。而最能见证平潭与台湾之间深厚历史渊源的莫过于五福庙，庙内供奉着两位城隍——一位是五福都平潭城隍，另一位则是台湾城隍。

如今，在平潭生活工作的台胞达 1000 多名，他们在平潭岛上购置房产，开办企业，接待了数十万计的台湾游客。

✡海上风车

平潭的“真宝贝”

平潭的自然风光足以与素有“中国夏威夷”之称的海南岛三亚相媲美。因此，在为平潭岛制定脱贫方案时，习近平强调保护平潭岛自然环境的重要性。2014年，国家主席习近平在考察平潭时说：“优良的生态环境是平潭的‘真宝贝’，不能毁了‘真宝贝’，引来一些损害环境的‘假宝贝’。”

“不可能的大桥”

工程师们曾普遍认为，世界上有3处地方是建桥的禁区：非洲的好望角、大西洋的百慕大三角，以及平潭岛。平潭岛每年

✿平潭大桥

有 300 天风速达到 39 千米 / 小时，200 天风速超过 50 千米 / 小时。肆虐的狂风和高达 10 米的巨浪，让即使是中国建桥技艺最出色的福建人，也难以在平潭岛完成建桥任务。

古代福建人在泉州建造了屹立千年的洛阳桥，还用花岗岩建造了长达 2070 米的安平桥等建筑奇迹。其中，安平桥是世界上中古时代最长的跨海梁式石桥，也是中国现存最长的海港大石桥。

工程师们克服了看似不可逾越的重重障碍，最终成功建造了平潭大桥。随后他们更加雄心勃勃地又建造了一座双层大桥，不仅可供车辆通行，还能运行高铁。为了实现这一壮举，他们甚至建造了世界上最大的海上作业平台。这座占地面积 60,000 平方米的巨大海上作业平台，几乎就是一座人造岛屿，为 600 名船员提供了生活和工作的空间。我访问工地的那天虽然是一个相对“平静”的日子，但还是差点被风吹走。我虽然幸免于难，但我的帽子已经在去复活节岛的路上了。

千年一遇的机遇

2014年11月1日，习近平在平潭考察时指出：“平潭面临的机遇，不是百年一遇而是千年一遇。”

如今的平潭是一个宜居宜业的美丽之地，平潭政府也极具创新精神，在风能等可再生能源的开发、自主交通系统的建设、5G网络、无人驾驶巴士运营、两岸从幼儿园到大学的教育创新、中华文化的传承弘扬，以及电影制作等多个领域，平潭都走在了全国的前列。

平潭之所以能在众多领域实现快速发展，其著名的“一站式政府”服务模式功不可没。一名来自闽西的男士分享了他的经历：他曾花费30天时间，在多个市政机构之间奔波，才获得了迁居平潭的许可。然而，当他抵达平潭后，只用了短短3个小时就完成了后续相关手续。这种效率的提升，得益于平潭创新高效的政府办事程序和政策。目前，中国其他城市也在积极学习和借鉴平潭的这些先进经验。

我最爱的平潭美景

石头厝

平潭人常自嘲当地“光长石头不长草”，但他们巧妙地利用了这一丰富的资源。比如他们的石头厝，墙壁由坚固的花岗岩砌成，屋顶覆盖着耐用的瓦片，并用花岗岩石块加固，能够抵御狂风的侵袭，能够经受数百年极端天气的考验。

尽管现在大多数渔村的民居都设有多个房间，但它们最初往往只有一个房间，后来逐渐扩建出多个房间。即便在今天，许多民居依旧没有窗户，只有光秃秃的砖墙和灰色的水泥地面，家里除了一张小折叠桌和几张竹凳外，几乎看不到其他家具，但许多家庭都拥有巨大的壁挂式电视。

为了维护和翻新这些具有历史意义的石头厝，平潭政府为约 300 座石头厝提供了翻新补贴，并针对每座石头厝制定了个性化的翻新计划。这些计划旨在确保石头厝不仅更适合现代人居住，还能保留传统的建筑风格，与周围独特的海岸和山地景观融为一体。

许多台湾年轻人参与了这些石头厝的翻新工作，尤其是在大厝基村、黄土墩村和北港村等热门村庄。

北港村已成为追求艺术、文化或商业梦想的创新型台湾青年的乐园。在这里，游客可以深度体验渔村生活，仿佛穿越至数百年前。

目睹台湾年轻人在石头厝翻新项目上取得的成功，当地居民也迅速加入了将老石头厝改造成民宿的行列。每间客房都有一

✿ 石头厝

个富有诗意的名字，室内装饰则融入了当地渔村的生活元素。

山利村：石林古村落

山利村坐落在北厝镇中南部，毗邻著名的三十六脚湖和南寨石林，是平潭最迷人的风景区之一。这里虽然没有猫头墘的碧海蓝天，也没有长江澳的金色沙滩，但独特的石林景观吸引了无数游客。昆明的石林在中国最为著名，福建三明的石林规模较小，而平潭的石林则别具魅力。

野花遍布，蜜蜂飞舞，奶牛悠闲漫步，山利村处处洋溢着田园牧歌般的氛围。在村庄的中心，坐落着一座拥有200多年历史的石厝，虽然已经荒废，但门前散落的旧农具，仿佛在等待主人从田间归来。远远望去，屋前那棵古老的榕树上挂满了小红灯笼，宛如一棵中国版的圣诞树。这棵榕树曾经是山利村的守护神，如今已成为这个村庄的象征。

在20世纪70年代初，当大量村民迁到城关生活，这棵古树开始渐渐枯萎。然而，后来随着村民的返乡，古树又恢复了生机。

山利村的这棵榕树已有300多岁，这在榕树中是颇为了不起的。我希望这棵榕树能够继续生长，再活上几百年。现在越来越多的人搬到附近新建的石厝中，相信这棵榕树也将受到更多人的喜爱和关注。

陈厝村

我非常喜欢这个古色古香的村庄，陈氏祖先先由河南颍川入闽，几经迁徙至同邑（今同安）嘉禾（今厦门）店前乡定居，于1377年从厦门迁至福清，约1770年再从福清迁至平潭。人们克服了恶劣的环境和建筑材料的匮乏，在陈厝村建造出经受住时间考验的石厝建筑群。

✲ 泮洋石帆

平潭地标：泮洋石帆

对于像石头一样坚韧不拔、生活在石头岛上的人们来说，岛上最著名的自然景点莫过于两块巨石——泮洋石帆。从远处望去，这两根石柱（一根高 33 米，一根高 17 米）宛如一艘扬起两面风帆的远洋大船。据说这是世界上最大的花岗岩球状风化海蚀柱。平潭汹涌的海浪还侵蚀了周围的火山岩，形成了弥勒佛、青蛙仰天、双龟拱桥等 60 多座令人惊叹的岩石雕像。

据记载，南宋末代皇帝赵昰在为躲避元军，在忠臣的帮助下，来到了平潭。他曾在泮洋石帆旁休息。

清代平潭女诗人林淑贞对泮洋石帆赞不绝口，而明代著名旅行家陈第更是将其誉为“天下奇观”。

龙王头海滨浴场

龙王头位于平潭南部，延绵 9.5 公里，是中国最大的海滨浴场之一。这里不仅有星级酒店、钓鱼台、音乐咖啡馆、露天咖啡馆，还有游艇等多种娱乐设施，无论是游客还是当地居民，都能在这里找到乐趣。你可以驾驶沙丘车打沙滩排球，与家人或爱犬一起扔飞盘，或只是浸泡在蔚蓝的海水中放松身心。

坛南湾

位于平潭东南海岸的坛南湾，是另一片与龙王头海滨浴场相媲美的美丽海滩。这片海滩被誉为“白金海岸”，因为它拥有超过 22 公里的纯净海岸线和银色的沙滩，它的一侧是小岛和礁石林立的大海，另一侧则是郁郁葱葱的森林和起伏的丘陵。坛南湾平静的表面下，隐藏着汹涌的过往。退潮时，海水退去，露出嶙峋的礁石。几个世纪以来，这些礁石击沉了许多船只，留下了令现代考古学家和游客惊叹不已的宝藏。

海坛天神

平潭岛拥有世界上最强劲的风和最猛烈的海浪，因此海岸侵蚀地貌层出不穷也就不足为奇了。海坛天神是平潭岛上著名的海岸侵蚀地貌。

人们说，从远处眺望，塘屿岛是一块巨型灰白色花岗岩，宛如静卧沙滩的巨人，双脚浸泡在海水中。我没看出来，可能得站远点，比如去夏威夷看看。当地渔民相信，年轻女性摸了这块巨石（当地称“生子石”），就能生儿子。巨石的上面还有许多较小的石块，有的像长城，有的像乌龟，还有的像仙桃。

将军山

将军山，原名老虎山，山势险峻，巨石林立，其中“一线天”尤为著名。“一线天”狭窄至极，每次仅能容一人贴身而过。在将军山上，我特别喜欢的景点还有磊石洞、南风窗、望归岩和石丛林。

✿ 海坛女神

✿ 将军山

南寨山

南寨山在海水与风雨的不断侵蚀下，塑造了“五峰一谷”的奇景，包括鳄鱼峰、仙女峰、绵羊峰、神雕峰、青蛙峰，以及神龟谷。

君　山

这座海拔 434.6 米的山峰是平潭最高点，因其形似漂浮在海面上的浮罂而得名“罂山”，颇有蓬莱仙境的风韵。立于山顶，极目远眺，悬崖峭壁耸立，狂风呼啸，海浪轻拍，远处的山脚下，农田与石厝村落交织成一幅田园画卷。

塘屿岛

平潭岛是中国第五大岛，周围环绕着众多小岛，每座小岛都各具特色，美景无数。其中，塘屿岛是我最喜爱的岛屿之一。

南中村海滩是塘屿岛最南端的沙滩，被誉为中国最美的海滩之一，可供游泳冲浪的海岸线有 1000 多米，呈月牙状，是在清澈的海水中冲浪、游泳、潜水的绝佳去处。

东庠岛

面积 4.55 平方公里的东庠岛只能通过渡轮抵达，岛上保留着原始风貌，海水晶莹，沙滩细腻。东庠岛是露营者和海鲜爱好者的天堂，人们可以在这里亲手捕捞并烹饪新鲜的海味。

沙地底沙丘

英文 Yardang（雅丹地貌）指一种风蚀性地貌，源自维吾尔语，原指“陡峭的山丘”。尽管平潭地处远离新疆的东南沿海，但与台湾等地相似，也拥有一些令人称奇的红色地貌，专家将其称为“滨海雅丹”。这些地貌是在漫长岁月中，由土壤凝结成岩石，再经大自然富有创意的双手，在风暴、海浪等自然力量的精心雕琢下形成。

平潭风博物馆

平潭的平均风速达到 17.3 千米 / 小时，风向稳定。是全球最适宜建设风力发电博物馆的地方之一。平潭风博物馆位于平潭岛东侧，紧邻裕藩湾，博物馆坐落在风光旖旎的高地上，专为研究人员、游客和学生设计，展示了风的原始之美和力量，以及它带来的希望与危险。风力可以提供可持续、可再生的清洁能源，但也会冲刷海岸，在一夜之间形成 6 米高的沙丘。

尽管平潭风势强劲，但今天的平潭比 30 年前拥有更多植被。得益于抗风植物的战略性种植，岛上森林覆盖率达到了 35%。绿化工作看似简单，似乎只需在海岸线上栽种树木即可，实则是一项极为复杂的工程，平潭岛上的绿化项目让我联想到正在努力扭转华北沙漠化的“绿色长城”项目。

探访邻近的台湾?

你是否想要跨越海峡，前往台湾一游？平潭不仅拥有中国第一艘高速客滚船，也拥有全球最快的客滚船。“海峡”号配备有标准舱、经济舱、休闲舱、豪华舱及 VIP 舱，可供 760 多名旅客乘坐。从平潭到台中仅需 3 小时，到新竹更是只需 1.5 小时。

后记

度假厦门

这本书以厦门开始，所以我也应该在厦门画下句号，尽管我更希望你的福建之旅才刚刚开始。

几年前，我和苏珊决定既然我们总是鼓励人们来厦门旅游，那我们自己也应该四处多看看。当然，我们已经在厦门生活了三十多年，所以和许多人对待自己的家乡一样，往往也会忽略身边的美景。因此，我们决定像游客一样去探索厦门。结果，我们果真对这个小岛有了更深的认识和热爱。

当地的酒店很乐意为想要游览自己家乡的当地人提供折扣，因此我们周五下午入住了一家位于筼筜湖畔的酒店，并在周末结束之前，尽情领略筼筜湖在昼夜交替时分的别样风采；我们在另一个周末小住鼓浪屿，领略了鼓浪屿上的自然风光及其各式古典风格建筑和商店。我们骑着双人自行车，沿着厦门环岛路欣赏无与伦比的海滨风光；我们穿梭在厦门古老的小巷中，感受几百年来保持不变的时光。尽管厦门的大部分地区现在已经与其他任何的现代化都市别无二致。

这次经历非常愉快，因此我和苏珊定下目标，每个月我们都要在厦门的不同地方度过一个周末。这足以证明没有什么地方比得上家乡。因此，在准备开启福建之旅的同时，别忘了探索自己的家乡和发现日常生活里的点滴美好，并与你的新老朋友们分享。

潘博士

2025 年 4 月于厦门大学管理学院